NOTICE GÉNÉALOGIQUE

ET HISTORIQUE

SUR

LA FAMILLE RÉGNIER ET SES ASCENDANTS

———

LIVRE DE FAMILLE

G. FICKER

LIBRAIRIE GÉNÉRALE ET INTERNATIONALE

6, RUE DE SAVOIE, 6

PARIS (6e)

———

NOTICE GÉNÉALOGIQUE ET HISTORIQUE

SUR

LA FAMILLE RÉGNIER

ET SES ASCENDANTS

NOTICE GÉNÉALOGIQUE

ET HISTORIQUE

SUR

LA FAMILLE RÉGNIER ET SES ASCENDANTS

—

LIVRE DE FAMILLE

G. FICKER

LIBRAIRIE GÉNÉRALE ET INTERNATIONALE

6, Rue de Savoie, 6

PARIS (6e)

NOTICE GÉNÉALOGIQUE

—

LIVRE DE FAMILLE

—

Si, — comme le dit Henri Martin dans la Préface de son *Histoire de France,* — c'est un droit et un devoir pour tout Français de connaître l'histoire de sa patrie, il semble qu'il ne soit pas sans intérêt pour lui de connaître également celle de sa famille. Les peuples dont la civilisation est la plus ancienne ont pratiqué le culte des ancêtres. En France, les seules familles nobles et notables ont observé une tradition analogue, en sorte que sur les millions de familles françaises, il n'y en a aujourd'hui qu'un petit nombre qui seraient capables de justifier leur origine au delà de la troisième génération. Les unes, en raison de tares ou d'irrégularités ataviques, les autres, par simple indifférence, ne tiennent pas à perpétuer le souvenir de leur extraction. Tel n'est pas le cas de notre famille, où se sont transmises, de génération en génération, les traditions de l'honneur familial et la mémoire des aïeux.

Certes, une généalogie ne présente réellement qu'un intérêt documentaire et il serait vain, au milieu des myriades d'ancêtres que compte chaque individu, de vouloir se flatter plutôt de l'éclat de certaines parentés que de l'honorable simplicité des autres. Il nous a cependant paru intéressant d'établir, — dans un travail d'ensemble, — que le hasard de hautes alliances a permis de mener de certains côtés, très loin, les origines de notre famille et de fixer avec précision, pour nos arrière-neveux, les liens qui nous rattachent aux vieilles castes de tous ordres des générations disparues.

*****

La branche qui nous a donné son nom est originaire du Vermandois et de la ville même de Vermand, qui fut dans les siècles anciens la capitale de cette province. Mais les actes de l'état civil de Vermand ne remontent qu'à la fin du xviiie siècle et ce n'est guère qu'à l'aide de papiers de famille, déjà rares et dispersés, qu'il a été possible de reconstituer jusqu'à la fin du xviie siècle la filiation directe. Il est cependant avéré que les Régnier étaient, depuis des siècles, établis dans cette ville, aujourd'hui déchue de son ancienne importance et où ils occupaient une situation notable.

Avant le développement de la ville de Saint-Quentin, située à 10 kilomètres, Vermand fut le siège romain et gaulois de la capitale du Vermandois. Les historiens et les actes antiques la désignent sous le nom de « *Civitas Vermanduorum* ». C'était une ville fortifiée qui porta successivement les noms de Virmandis et Vermandis. Des fouilles très intéressantes faites au siècle dernier ont mis au jour de curieux vestiges de l'antiquité, des tronçons de colonnades, des chapitaux sculptés et des voies romaines qui, comme celle de Vermand à Bavay, suffisent à démontrer l'importance de cette position. Parmi ces fouilles, nous signalerons celles qui furent faites en 1852 dans la propriété de Mme veuve Crapier, parente de notre famille et qui amenèrent la découverte de sarcophages gallo-romains et de nombreux objets de bronze et de terre cuite. Enfin les fouilles de 1886 et 1887 ont fait découvrir de nouvelles tombes et des milliers de monnaies ou de médailles du temps de Posthume, de Claude, de Dioclétien, de Constantin, d'Auguste, de Néron, de Germanicus et de Domitien, ainsi que de nombreux exemplaires d'une monnaie spéciale aux *Véromanduens* et que l'on ne trouve nulle part (1).

(1) Emmanuel LEMAIRE : *Les Origines de Saint-Quentin et de Vermand*. — PILLOYE : *Les sépultures Gallo-Romaines de Vermand*.

La grande invasion des Vandales en 407, la plus terrible qu'eût subie jusque-là le sol gaulois, amena la destruction presque totale de la ville. Le chanoine Levasseur, dans un livre publié en 1663 et intitulé « *Les Annales de l'Eglise cathédrale de Noyon, jadis dite de Vermand* » donnait à ce sujet la traduction d'un manuscrit d'un moine du xiv° siècle qui disait : « La désolation fut si grande que tous les originaires du pays furent presque déffaicts et exterminez en une dévastation généralle de tout le pays, en laquelle se trouva non-moins enveloppée la ville de Vermand comme plusieurs autres. » Plus loin, le même moine assurait, — très gratuitement d'ailleurs, — que la destruction de Vermand par le fer et par le feu avait été un châtiment du Ciel pour la perversité de ses habitants.

Il ne resta à Vermand après ce cataclysme que quelques familles, qui, avec les nouveaux colons, repeuplèrent peu à peu le bourg qui subsiste encore aujourd'hui. Au moyen âge, Vermandis avait repris une certaine prospérité sous le gouvernement des comtes de Vermandois. Dépendant de la Collégiale de Saint-Quentin, Vermand participa aux franchises de cette ville, qui fut une de celles où disparut de bonne heure l'asservissement de la féodalité. Cédant à la pression des populations, les comtes, — non sans lutte, — octroyèrent des chartes libérales et l'émancipation communale du Vermandois fut confirmée en 1195 par Philippe-Auguste, lors du rattachement définitif du comté à la couronne de France (1).

C'est ce qu'a exprimé un poète local, Amédée Rolland, dans son invocation aux ancêtres :

Humbles marchands, bourgeois, serfs, ouvriers, ancêtres,
O vous qui, les premiers, avez dit : Plus de maîtres,
Bourgeois de la commune, ô grands hommes obscurs,
De chaque vieille tour votre sang teint les murs ;
Vous luttiez pour des droits mal définis encore
Et nous avons le jour dont vous fîtes l'aurore !

Amédée (ROLLAND, Nos Ancêtres.)

(1) BERLEMONT : *Histoire de l'émancipation communale du Vermandois.*

Depuis l'invasion du v° siècle, Vermand fut, au cours des siècles, le théâtre de nombreuses guerres et ses habitants ont dû de nouveau subir en 1914, à quinze cents ans de distance, les ravages et l'occupation des nouveaux barbares (1).

*
* *

Si nous avons cru devoir faire ce rapide exposé sur le passé historique de Vermand, c'est que l'histoire d'une famille touche de bien près à celle du pays où elle a vécu. Les familles d'autrefois, à l'encontre de celles d'aujourd'hui, restaient généralement pendant des siècles attachées au même sol natal, et, à défaut de documents anciens, il ne nous a pas paru sans intérêt de dire quelques mots du pays où la branche qui nous occupe a formé ses anciennes racines.

I. Et, en effet, le premier auteur vérifié dont nous ayons la trace est Jean François Régnier, né vers 1695, dont nous ne connaissons que le nom parce qu'il figure dans un acte comme parrain de François Régnier, son petit-fils. Le nom de Régnier, assez répandu en France, figure dès le moyen âge dans le Vermandois et fut même celui d'un des comtes de cette province (2). Comme tous les noms de familles et de lieux, il a subi des modifications au cours des âges et il s'orthographiait primitivement *Reghiner*. — Jean-François Régnier fut le père d'André, qui suit :

II. André Régnier, né à Vermand en 1724, épousa Marie-Catherine Crapier, née en 1737, fille de Jean Crapier et de Marie-Anne Régnaux. Cette famille Crapier existe toujours à Vermand où elle possède d'importantes propriétés, sur l'une desquelles fut découvert, en 1852, le cimetière gallo-romain dont il est question plus haut. De ce mariage était né :

(1) Le bourg de Vermand, saccagé pendant la guerre 1914-1918, a reçu du Gouvernement la Croix de guerre par décision du 17 octobre 1920.

(2) Henri MARTIN : *Histoire de France.*

III. François Régnier, né à Vermand en 1755. Il occupait, comme son père, une situation très notable et épousa Marie-Catherine-Elisabeth Santin (1760 à 1820). Il mourut lui-même le 1er juin 1833, à l'âge de 78 ans, laissant plusieurs enfants.

1° Augustin Régnier, né le 18 juillet 1783, qui fit, comme lieutenant d'infanterie, une grande partie des guerres du Premier Empire et fut nommé chevalier de la Légion d'honneur au cours des campagnes. Il fut commandant de la Garde Nationale à Paris sous le roi Louis-Philippe (1).

Il avait épousé Adélaïde-Judith-Françoise Pinson dont il eut :

a) Stéphanie Régnier, mariée, à Versailles, à Eugène Nicolas, d'où sont issus un fils, Léon Nicolas, marié à Blanche Etienne et père de Pierre Nicolas, et une fille, Emilie Nicolas, mariée à Paul Coudret (1846 à 1921) frère du général Coudret.

b) Une autre fille, mariée à M. Sohier, dont sont issus Eugène Sohier, père de Mme Frébault, et Aline Sohier, mariée à Edouard Lefebvre, maire de Versailles de 1888 à 1904, officier de la Légion d'Honneur.

2° Emmanuel-Henry Régnier, qui suit.

3° Eusébie Régnier, mariée à M. Odiot, d'où est issue Catherine-Eugénie-Eusébie Odiot, épouse de Louis-Augustin-Clovis Née, décédée à Saint-Quentin sans postérité, le 21 juillet 1890, à l'âge de 84 ans.

IV. Emmanuel-Henry Régnier, né à Vermand en 1795 et décédé le 10 avril 1847, à l'âge de 51 ans. Il avait épousé Rosalie Gronnier (1798 à 1845) fille de Jean-Baptiste Gronnier (1754 à 1829) et de Rosalie Toffin (1756 à 1821).

(1) La tombe d'Augustin Régnier, surmontée d'un stèle de pierre représentant deux épées et une croix de la Légion d'Honneur se trouve au cimetière Montmartre en face de la chapelle funéraire de notre famille.

J.-B. Gronnier, dont le frère était notaire à Caulaincourt, était lui-même le fils de Jean-François Gronnier et de Marie-Anne-Angélique Narcisc. — Rosalie Toffin était fille de Jacques Toffin et de Marie Bonnier. Il existe encore à Saint-Quentin des membres des familles Gronnier et Toffin.

De son mariage avec Rosalie Gronnier, Emmanuel Henry eut un fils unique, ci-après :

V. Emmanuel-Emile Régnier, né à Vermand le 26 novembre 1830. Resté orphelin alors qu'il terminait ses études au lycée Saint-Quentin, il vint s'installer à Paris pour faire son droit et traiter d'un office ministériel. Il épousa le 25 février 1864 Marie-Félicité Régnier, fille d'Antoine-Alphonse Régnier et de Geneviève-Félicité Echard-de-Richebourg. Il y a lieu de remarquer que, malgré la similitude de nom, aucun degré de parenté n'existait entre les deux conjoints. (Voir plus loin filiation Régnier, branche de Paris.)

Emmanuel-Emile Régnier mourut à Paris le 23 mars 1888, à l'âge de 57 ans, laissant de son mariage sept enfants, qui suivent :

VI. 1° André-Emile ; 2° Marcel-Alphonse ; 3° Emmanuel-Alexandre ; 4° Jacques-Léon ; 5° Emile-Adolphe ; 6° Edmond-Maurice ; 7° Germaine-Adèle-Andrée, qui figureront, avec leurs alliances et leur postérité, à la fin de la généalogie, — après toutes les familles qui constituent leur ascendance.

BRANCHE RÉGNIER (DE PARIS)

D'après la tradition familiale, cette branche était établie à Paris de temps immémorial, et de moyenne bourgeoisie. Des officiers municipaux portèrent ce nom ; mais leurs ascendance n'étant nullement démontrée, nous ne pouvons nous en référer, ainsi que nous nous en sommes fait une règle absolue pour l'établissement de cette généalogie, qu'aux documents vérifiés.

I. Le premier auteur dont le nom nous est connu est Pierre-Jean Régnier, né à Paris dès les premières années du xviiie siècle. Il appartenait à la paroisse Saint-Séverin et habitait la rue du même nom. Il épousa Angélique Pelée, dont il eut, entre autres enfants :

II. Pierre-Louis Régnier, né à Paris en 1752. Il habitait également la paroisse Saint-Séverin et épousa Marguerite-Catherine-Adélaïde Avalle, née à Senlis en 1752, fille de Nicolas Avalle, échevin de Senlis, et de Marguerite-Catherine Tasnier (*Voir plus loin filiation Avalle*).

Il eut de ce mariage deux fils :

1° Jean-François-Alexandre Régnier, qui suit ;

2° Philibert Régnier, né à Paris le 21 janvier 1790, qui épousa à Senlis le 2 décembre 1816, sa cousine Adèle Avalle, née à Beauvais le 1er messidor an IV, belle-sœur de Franklin Tremblay, fils du maire de Senlis. Philibert Régnier fonda sous la Restauration le *Journal de Senlis*, qui existe encore aujourd'hui sous le nom de *Courrier de l'Oise, Journal de Senlis*. De ce mariage sont nés trois enfants, Ernest, Adèle et Nelly Régnier, décédés à Senlis sans postérité en 1893.

III. Jean-François-Alexandre Régnier, né à Paris le 26 décembre 1786, engagé volontaire dans l'artillerie de marine à 16 ans (campagne d'Amérique), puis officier pendant les guerres du Premier Empire, blessé le 2 mai 1813 à la bataille de Lutzen et réformé à la suite de ses blessures. Ayant été pourvu d'un emploi dans l'administration préfectorale, il épousa en 1815 Marie-Émilie Eudes, fille d'Antoine Eudes et d'Anne Montprofit (*voir plus loin filiation Eudes*) et mourut à

Paris, médaillé de Sainte-Hélène, le 6 janvier 1858, laissant trois enfants (1) :

1° Antoine-Alphonse Régnier, qui suit ;

2° Alexandre-Philibert Régnier (1824 à 1913), chevalier de la Légion d'honneur, marié à Caroline Parisot, fille de M. Parisot, également chevalier de la Légion d'honneur, dont il eut une fille, Berthe Régnier, mariée à Claude Arloing, fonctionnaire des Finances, décédé à Paris le 7 mars 1916 ;

3° Amélie Régnier, mariée à Edmond Asse, décédée à Paris en 1882, sans postérité.

IV. Antoine-Alphonse Régnier, né à Paris le 17 juillet 1816, épousa en premières noces Geneviève-Félicité Echard, fille de Pierre Echard et d'Andrée-Félicité de Richebourg (*voir plus loin filiations Echard et Oudin de Richebourg*) dont il eut Marie-Félicité Régnier, qui suit ;

Il épousa en deuxièmes noces Adélaïde Bouhin (1824 à 1898) dont il eut Léon-Alexandre Régnier, marié en premières noces à Louise Huet et décédé à Andrésy (S.-et-O.) le 18 septembre 1892, laissant trois enfants : 1° Lucien Régnier, ingénieur agronome, décédé à Andrésy le 16 février 1907 ; 2° Maurice Régnier, avoué à la Cour de Paris, lieutenant d'infanterie, pendant la guerre, chevalier de la Légion d'honneur, décoré de la Croix de guerre, marié à Suzanne Londe, nièce du général de Boisdeffre ; 3° Suzanne Régnier, née en 1888.

Il épousa en secondes noces Louise Libersalle. Par son premier mariage, il était le beau-frère du lieutenant-colonel Sanson, officier de la Légion d'honneur, médaillé de Crimée, d'Italie et de 1870, et de Paul Avalle, déjà cousin de notre famille.

V. Marie-Félicité Régnier, née à Paris le 6 décembre 1843, mariée le 25 février 1864 à Emmanuel-Emile

(1) Les archives de la famille possèdent de lui une intéressante correspondance de voyage.

Régnier, dont elle eut sept enfants et décédée à Paris au mois de juin 1915 (*voir sa descendance à la fin de la généalogie*).

BRANCHE AVALLE

La famille Avalle est originaire de Senlis. Aussi loin que remontent les archives de cette ville, on retrouve la trace de ses membres dans la bourgeoisie notable et parmi les officiers municipaux de la cité. Elle a compté un certain nombre d'ecclésiastiques et de nombreux échevins, dont plusieurs sont qualifiés de nobles et d'écuyers.

I. L'auteur le plus lointain auquel se rattache directement la généalogie est Nicolas Avalle, bourgeois de Senlis sous les règnes de Louis XIII et de Louis XIV qui fut le père de :

II. Pierre Avalle, né à Senlis en 1685, conseiller du roy et premier échevin de Senlis, qui épousa en premières noces Catherine Hébert, en deuxièmes noces Louise Roussequin et en troisièmes noces Catherine de Camp. Il eut de ses deux premiers mariages douze enfants, dont six moururent en bas âge, et six de son mariage avec Catherine de Camp, parmi lesquels Nicolas Avalle, qui continue notre filiation, Antoine Avalle, Louis Avalle et Paul Avalle, écuyer, secrétaire du roi (1). Pierre Avalle mourut en 1729, ayant eu dix-huit enfants.

III. Nicolas Avalle, né à Senlis le 28 juillet 1711, fut, comme son père, échevin de cette ville. Il épousa en premières noces Marie-Louise Desprez, dont il eut cinq

------

(1) Armoiries de Paul Avalle, écuyer, secrétaire du roi : D'azur à un lion d'or cantonné de quatre petites tours d'argent. (Cabinet des Titres, D'Hozier.)

enfants, en secondes noces Marie-Marguerite Duquesne, dont il eut deux enfants et en troisièmes noces Marguerite-Catherine-Adélaïde Tasnier, fille d'Hugues Tasnier et de Marguerite Barré, dont il eut deux enfants, Pierre Jean-Baptiste-Nicolas Avalle, aïeul des Avalle de Versailles (1) et Marguerite-Catherine-Adélaïde Avalle, qui suit :

IV. Marguerite-Catherine-Adélaïde Avalle, née à Senlis le 29 mai 1752 eut pour parrain Hugues-Robert Tasnier, curé de Saint-Léonard, près Senlis, son oncle et pour marraine Catherine de Camp, veuve de Nicolas de Montjay, sa grand'mère.

Elle épousa Pierre-Louis Régnier, bourgeois de Paris (*Voir plus haut filiation Régnier*).

BRANCHE EUDES

Cette branche est originaire du département de la Manche.

I. Le premier auteur auquel nous remontions de ce côté est Antoine Eudes, qui habitait Paris. Il eut de son premier mariage avec Anne Montprofit plusieurs enfants :

1° Marie-Émilie Eudes qui suit ;

2° Antoine Eudes, qui fut le père : a) d'Émile Eudes, décédé sans postérité ; b) d'Alexandre Eudes, auteur

------

(1) Les derniers représentants de la famille Avalle en ligne masculine sont Paul Avalle, banquier, ancien conseiller municipal de Versailles, son fils Albert Avalle, ses petits-enfants André et Robert Avalle, ainsi que M. Ernest Avalle, chef de bureau au Ministère de la Marine, officier de la Légion d'honneur, décédé, et son fils Henri Avalle, lieutenant d'artillerie, décoré de la Croix de guerre.

d'un ouvrage de mathématique ; *c*) de Paul Eudes, intendant militaire, officier de la Légion d'honneur, qui eut lui-même de son mariage avec Charlotte Baillargeau, veuve Cousin, Madeleine Eudes, épouse de Charles Douard, avocat, d'où postérité ; *d*) Emma Eudes (1811 à 1890) qui épousa M. Labitte, dont est issu, Maurice Labitte, notaire à Paris, marié à Mlle Salles, d'où deux enfants, un fils, décédé en laissant des enfants et une fille, mariée successivement à M. Robin, notaire à Paris et Brisset, également notaire à Paris, tous deux décédés.

De son second mariage avec Antoinette Grandjean, Antoine Eudes eut deux filles, Mme Lacassagne et Mme Jarlaud.

Cette dernière eut à son tour trois filles, Mme Durey et Mme Doré, décédées sans postérité et Mme Saulnier dont le fils unique mourut alors qu'il était élève à l'Ecole militaire de Saint-Cyr.

II. Marie-Emilie Eudes, née à Paris en 1795, mariée en 1815 à Jean-François-Alexandre Régnier et décédée à Paris le 22 juillet 1875, à l'âge de 80 ans. (*Voir plus haut filiation Régnier, branche de Paris*).

BRANCHE ECHARD

Cette branche est originaire du département de la Mayenne. Elle comprend :

I. François Echard, né en 1732 à Entrammes (Mayenne), décédé, en sa propriété du Plessis (Mayenne), le 7 avril 1779, à l'âge de 47 ans. Il avait épousé Marguerite Lancelin, dont il eut :

II. Pierre Echard, né à Entrammes le 31 décembre 1776, qui épousa à Paris en 1813 Andrée-Félicité Oudin de Richebourg, fille d'André Oudin de Richebourg, seigneur de Richebourg, Retheuil, Tilloy, Palesne et autres lieux et de Marie-Catherine Pellerin, née à Montgeroult (1749 à 1825) de Nicolas-Joseph Pellerin et de Marie-Catherine Landrin.

Pierre Echard mourut à Paris le 11 mai 1857, à l'âge de 81 ans, laissant de son mariage une fille unique :

III. Geneviève-Félicité Echard, née à Paris le 29 mars 1816, mariée en 1840 à Antoine-Alphonse Régnier, décédée à Paris le 10 décembre 1843, à l'âge de 27 ans, laissant de ce mariage une fille unique :

IV. Marie-Félicité Régnier, née à Paris le 6 décembre 1843, mariée le 25 février 1864 à Emmanuel-Emile Régnier. (*Voir plus haut branche Régnier*).

BRANCHE OUDIN DE RICHEBOURG

Cette branche est originaire de Reims. Le premier ascendant établi de la généalogie qui nous concerne est :

I. Gérard Oudin, écuyer, né à Reims en 1607 et décédé en cette ville en 1688 à l'âge de 81 ans. Il épousa Barbe Viscot (1618 à 1686), fille de Guillaume Viscot, notaire royal à Reims et de Perrette Lelarge (1).

De ce mariage naquit :

II. Claude-Nicolas Oudin, écuyer, né en 1658, décédé en 1705, capitaine des gardes du Roy en la Prévôté de l'Hôtel à Reims, qui épousa Jeanne Habert de Grandprez, fille de Jean-Baptiste Habert, Conseiller au Présidial de Reims, sieur de Grandprez (1618 à 1699)

---

(1) Perrette Lelarge, fille de Pierre Lelarge et de Anne Lorcignol qui vivaient à Reims à la fin du xvi⁰ siècle. Anne Lorcignol mourut à Reims en 1640.

et de Perrette Coulon (1632 à 1688). Jean-Baptiste Habert, sur lequel nous ne ferons pas de notice spéciale, était lui-même le fils de Guillaume Habert, Conseiller au Présidial de Reims, né à la fin du XVIᵉ siècle et le frère de Barbe Habert, épouse d'Oudard Coquault, qui a laissé des Mémoires très curieux sur la vie à Reims au XVIIᵉ siècle (1). L'hôtel particulier de la famille Coquault connu sous le nom de *Loges Coquault* en raison de sa façade à loggias, existait encore en 1916 à Reims, avant d'être détruit par le bombardement et était l'objet de la curiosité des touristes.

De ce mariage naquit :

III. Jean-Baptiste-Nicolas Oudin, écuyer, seigneur de Romont (2), gentilhomme de la grande fauconnerie du Roy, et plus tard Conseiller-Secrétaire du Roi. Il épousa, le 13 septembre 1712, en l'église Saint-Antoine de Châlons, Anne-Elisabeth Godet de Vadenay, fille de Philbert Godet de Vadenay, seigneur de Vadenay, la Motte et autres lieux et d'Elisabeth le Petit de Richebourg. Au décès de sa belle-mère, il devint seigneur de Richebourg et de Tilloy. (*Voir plus loin filiations Godet et Le Petit*).

Il eut de ce mariage un fils unique :

IV. André Oudin de Richebourg, écuyer, né à Reims le 3 septembre 1718, seigneur de Richebourg, Retheuil (3), Palesne (4), Tilloy et autres lieux. Il épousa en premières noces, à Fismes, Marie-Pierre Erard d'Evry, fille de Claude-François-Jacques Erard d'Evry, gentilhomme ordinaire de Sa Majesté et de Marie-Anne Le Sellier (5).

(1) *Mémoires* d'Oudard Coquault, Bourgeois de Reims.

(2) Romont, hameau de Mailly (Marne). Le château appartient aujourd'hui à la famille Chandon de Briailles.

(3) Retheuil, commune du canton de Villers-Coterets. La seigneurie, dont le plan est encore à la mairie de Retheuil, comprenait 1.000 hectares.

(4) Palesne, hameau dépendant de Pierrefonds.

(4) Famille ancienne de Fismes dont sont issus les Le Sellier, vicomtes de Chézelles.

De ce mariage naquirent deux fils morts en bas âge et deux filles :

1° Marie-Anne-Josèphe Oudin de Richebourg qui épousa Jacques-Marie-Louis Fayard de Sinceny (1), chevalier, seigneur de Sinceny, Bichancourt, Aubreville, Marizest, le Bacq, Arblincourt, Bazin et autres lieux, fils de J.-B. de Sinceny, chevalier, seigneur des dits lieux, chevalier de Saint-Louis, lieutenant-colonel du Régiment Royal de cavalerie, écuyer de S. A. R. Mgr le duc d'Orléans et de dame Le Picart. Elle est décédée à la fin du Premier Empire en laissant des héritiers représentés seulement aujourd'hui par une famille Dastugue, qui a ajouté à son nom celui de Sinceny.

2° Sophie-Félicité Oudin de Richebourg, née en 1753, qui épousa Louis-Léopold-Antoine de Mercurini, comte de Valbonne, ancien page de Louis XV, puis gouverneur d'Apt-en-Provence, fils d'Antoine de Mercurini, comte de Valbonne, chevalier de Saint-Louis, lieutenant des maréchaux de France et de Sophie Frédérique de Dettlingen (1).

Sophie-Félicité divorça sous le Premier Empire quand fut institué le divorce et mourut sans postérité.

De son second mariage avec Marie-Catherine Pellerin, fille de Nicolas-Joseph Pellerin et de Marie-Catherine Landrin, André Oudin de Richebourg eut une troisième fille, Andrée-Félicité Oudin de Richebourg, née à Paris en 1786, qui suit.

Ainsi qu'il résulte des pièces d'un procès conservées dans les archives de la famille, André Oudin de Riche-

---

(1) Sinceny, d'or à un olivier flanqué à droite et à gauche d'une étoile et d'un croissant de gueules. — Sinceny, canton de Chauny (Aisne).

(1) Dettlingen. Une des premières familles d'Alsace. — Valbonne, commune des Alpes-Maritimes. — La famille de Mercurini, originaire de Durazzo, en Albanie, remonte à Bertrand de Mercurini, seigneur de Lissi, dont les enfants s'établirent en France sous Charles VIII. — Armoiries : Écartelé au 1 et 4 d'azur à un mercure d'argent tenant en sa dextre un caducée au 2 et 3 d'azur à la fleur de lys d'or.

bourg ne possédait plus, à la veille de la Révolution, que son *fief* de Richebourg, les autres seigneuries de Retheuil, de Tilloy, de Palesne, les fermes de Cuiry et de Concevreux, les vignes de Verzenay et de Montbré et vingt mille francs d'argenterie ayant dû être vendus (1).

V. Andrée-Félicité Oudin de Richebourg, épousa en 1813, à Paris, M. Pierre Echard et c'est de ce mariage que naquit Geneviève-Félicité Echard, mariée à Antoine-Alphonse Régnier. (*Voir plus haut filiations Régnier et Echard.*) Les armoiries de la famille Oudin de Richebourg sont d'azur à un daim d'argent.

***

BRANCHE DE CAMP

Cette branche est représentée par :

I. Nicolas de Camp, né en 1652, qui épousa, à Senlis, Marguerite Guérin, dont il eut :

II. Catherine de Camp, qui épousa en premières noces Pierre Avalle, conseiller du roy, premier échevin de Senlis, dont elle eut six enfants, parmi lesquels Nicolas Avalle qui suit :
Catherine de Camp épousa en secondes noces Nicolas de Montjay.

III. Nicolas Avalle, né à Senlis le 28 juillet 1711 (*Voir plus haut filiation Avalle*), père de Marguerite-Catherine-Adélaïde Avalle, épouse de Pierre-Louis Régnier.

---

(1) André Oudin de Richebourg mourut à Chauny (Aisne) le 16 frimaire an IV (1795). Son acte de décès porte le citoyen André Oudin-Richebourg.

BRANCHE GODET

Là famille Godet, éteinte dans la branche masculine et dont la famille Régnier a relevé les armoiries
au siècle dernier tint, pendant plusieurs siècles, une
des premières places dans l'histoire locale du Châlonnais. Les Godet possédèrent en Champagne plus de
cent seigneuries, et dans le seul arrondissement de
Châlons, qui compte aujourd'hui 106 communes, on
en voit près de 40 qui furent l'apanage des différentes
branches de cette maison (1).

D'après les documents conservés à la Bibliothèque
nationale, les Godet descendaient d'Audebert Godet
chevalier, en 1250, issu lui-même d'une noble et
ancienne famille et dont il est question dans le testa-
ment d'Audebert III de la Trémoïlle (1260).

La filiation vérifiée commence à Pierre Godet :

« Il se veoit, au monastère des Augustins du Blanc
en Berry et s'y prouve par les vieilles et anciennes
pancartes que Messire Pierre Godet, demeurant au
dict Blanc en Berry, achepta une place en ladicte ville
et sur icelle fit bastir le monastaire des Augustins
dudict Blanc et fit mettre par tout le dict monastaire
ses armes qui sont trois pommes de pin d'or et un

(1) Extrait du préambule de la généalogie publiée en 1878
par M. Edouard de Barthélemy (*Revue de Champagne et de
Brie*) et qui forme à elle seule un volume dont il n'est pas possible de donner ici la reproduction complète en raison de la
multiplicité des branches de la famille : « La famille Godet,
depuis longtemps éteinte, a occupé la première place dans
l'histoire locale du Châlonnais, par ses alliances, par les charges
de ses membres, dont quelques-uns parvinrent aux plus hauts
grades militaires, par le nombre de ses seigneuries. Elle a
donné dans l'armée un exemple unique, croyons-nous, celui
de sept frères décorés de la croix de Saint-Louis. La faire connaître n'est pas seulement œuvre de généalogiste, mais sur-
tout de chroniqueur provincial. » (*Notice Généalogique et Historique sur la famille Godet*, par le Comte DE BARTHÉLEMY,
1878.)

chevron d'argent en champ d'azur, qui ont été et sont de toute antienneté les armes des Godetz. Le dict Pierre eut un fils, aussy nommé Pierre Godet, deuxième du nom, lequel espousa Jehanne de Charasson, niepce du cardinal Balluc et se trouvant estre sorty de grands seigneurs et chevaliers de ladicte maison de Charasson en Berry. » (1)

I. Pierre Godet, premier du nom, seigneur de Beaugé en Berry, épousa Marie de la Boissière, dont il eut :

II. Pierre Godet, deuxième du nom, écuyer, seigneur de Beaugé-en-Berry et de la Boissière (1440) eut, de Jeanne de Charasson, fille de Jean de Charasson (2) et de Marguerite la Balue, sœur du cardinal (*Voir plus loin filiation la Balue*), cinq enfants, parmi lesquels Guillaume, qui suit :

III. Guillaume Godet, écuyer, qui passa avec son frère Philbert en Champagne à la suite de la disgrâce du cardinal la Balue. Installé à Châlons, il y épousa en 1480 Huguette le Folmarié, dame d'Ecury et de Mutigny, fille de Jehan le Folmarié (3), seigneur d'Avize, Cuys, Loisy-sur-Marne, Oiry et Bayarne et de Claude de Bazoches (4), dame de Cormas. Guillaume Godet, qui fut seigneur d'Athis, Moivre et Saint-Hilaire, avait acquis la charge de receveur des tailles en 1475 et fut élu gouverneur municipal de Châlons en 1499. Il eut de son mariage avec Huguette le Folmarié trois enfants, parmi lesquels Jean, qui suit :

(1) Cahier in-folio manuscrit qui s'arrête à l'année 1630 intitulé : Généalogie des Godetz de Champagne ».

(2) Charasson : de gueules au lion d'or.

(3) Le Folmarié : très ancienne famille de Châlons. Sa noblesse fut confirmée comme très ancienne par Lettres royales du 2 janvier 1515. Armoiries : de gueules à l'aigle d'or.

(4) Bazoches : famille très ancienne de la Champagne, dont la noblesse est antérieure à l'an 1000 et dont les armes sont d'azur à trois lions d'or (Cabinet des titres, dossiers bleus):

IV. Jean Godet, écuyer, seigneur de Renneville, Saint-Hilaire, Moivre, Écury, Champoulain, Mutigny. Il remplaça en 1514 son père comme receveur des tailles à Châlons. Il fut ensuite nommé receveur général des tailles en Champagne et, ajoute la généalogie manuscrite, « fut ledict Jean Godet du temps des rois François Ier et Henri IIe seul trésorier de l'extraordinaire des guerres en France, tant en deçà que delà des monts » (1).

Il mourut le 30 septembre 1548 et fut enterré dans le cimetière de Notre-Dame de Châlons.

Il avait épousé Marguerite de Paris (2), dame de Renneville et Tilloy, dont il eut quatre enfants parmi lesquels Louis Godet, qui suit :

V. Louis Godet, écuyer, seigneur de Tilloy, avocat au Parlement de Paris, conseiller du roi, puis lieutenant général au bailliage de Vitry-le-François, mort avant 1589, ayant épousé Marie Domyné, fille de Laurent Domyné (3), magistrat à Vitry-le-François, et de Colette le Duc (4), dont il eut trois enfants, parmi lesquels Philbert, qui suit :

VI. Philbert Godet, écuyer, seigneur de Tilloy, marié à Bonaventure L'Hoste, dame de Vadenay, le 15 juillet 1583 à Châlons (*Voir plus loin filiation L'Hoste* (5).

(1) Lettre signée de François Ier ordonnant au trésorier de son épargne de remettre 20.000 livres « à son amé et féal Jehan Godet, par lui commis à tenir le compte et faire le paiement des frais extraordinaires de ses guerres » (21 août 1548).

(2) Famille très ancienne de Champagne : de gueules au sautoir dentelé d'or, cantonné de quatre feuilles et de deux besans de même.

(3) Contrat de mariage de Louis Godet, seigneur de Tilloy, avec Marie Domyné (Cabinet des titres. Carrés d'Hozier) 25 février 1550. Le commandant Domyné qui s'illustra en Extrême-Orient au XIXe siècle, était né à Vitry-le-François et appartenait à cette famille.

(4) Le Duc : d'azur au chevron d'or, accompagné de deux roses et d'une croix tréflée d'or.

(5) Contrat du 12 juillet 1583 (Cabinet des titres, Pièces originales).

Il en eut six enfants parmi lesquels Philbert, qui suit :

VII. Philbert Godet, deuxième du nom, écuyer, seigneur de Vadenay et de la Motte, gouverneur municipal de Châlons en 1614. Il épousa Marie de Ménisson, fille de Claude de Ménisson, seigneur de Saint-Pouanges (*Voir plus loin filiation de Ménisson*) et de Marguerite Godet de Tilloy (1).

Deux enfants naquirent de cette union, parmi lesquels :

VIII. Charles Godet (2), écuyer, seigneur de Vadenay, la Motte et autres lieux, confirmé dans sa noblesse par sentence du Conseil de Ville de Châlons (1668). Il fut aussi gouverneur municipal de Châlons et épousa le 8 novembre 1643 Jeanne Varin, fille de Nicolas Varin et de Marguerite Deu (*Voir plus loin filiation Varin*), dont il eut quatre enfants, parmi lesquels Philbert, qui suit :

IX. Philbert Godet de Vadenay, écuyer, né à Châlons (3), seigneur de Vadenay, la Motte, etc., cadet au

(1) Remarque est faite que par ce mariage entre parents le tableau généalogique contient deux fois la même branche ascendante. Marguerite Godet de Tilloy était fille de Louis Godet et de Marie Domyné portés plus haut.

(2) Charles Godet de Vadenay était le proche cousin de François Godet, chevalier, vicomte de Soudé, Conseiller d'Etat, qui est l'auteur d'un important ouvrage sur la noblesse de Champagne. François Godet avait épousé Anne Joly de Fleury dont il eut une fille, Anne-Angélique Godet de Soudé, mariée au baron de Harlus de Vertilly, qui fut elle-même la mère de Anne-Angélique de Harlus de Vertilly qui épousa le 19 avril 1717 Charles-Paul-Sigismond de Montmorency-Luxembourg, duc de Luxembourg, duc de Châtillon et d'Olonne, fils de Paul-Sigismond et de Marie-Anne de la Trémoille. Il a laissé de son mariage avec Anne-Angélique de Harlus-Godet de nombreux descendants parmi lesquels les ducs de Luxembourg, de Talleyrand, de Narbonne-Pelet, de Damas-Crux, de Montmorency-Laval, les marquis de Serrent et de Couronnel et les ducs de Cadaval-Braganco, de la Maison royale de Portugal, etc.

(3) Acte de baptême du 6 octobre 1644, paroisse Notre-Dame, de Châlons.

Régiment de Duras, puis lieutenant au Régiment de Picardie. Il prit part comme capitaine en 1669 à l'expédition de Candie et épousa à Vadenay, le 22 juin 1682, Elisabeth le Petit de Richebourg (1), dame de Richebourg et de Tilloy, dont il eut deux enfants : 1° Guy Godet de Vadenay, décédé sans postérité à l'âge de 25 ans, et Anne-Elisabeth, qui suit :

X. Anne-Elisabeth Godet de Vadenay, née au château de Vadenay le 3 avril 1684 (2), épousa, le 13 septembre 1712 (3), en l'église Saint-Antoine-de-Châlons, Jean-Baptiste-Nicolas Oudin, seigneur de Romont (4), gentilhomme de la grande fauconnerie du roi, fils de Claude Nicolas, écuyer, capitaine des gardes du roi en la prévôté de l'hôtel à Reims et de Marie-Jeanne Habert de Grandp..ez (*Voir plus haut filiation Oudin de Richebourg*).

Avec Anne-Elisabeth Godet s'éteignait la première branche de Vadenay. La seconde branche s'éteignit sous la Révolution en la personne de Marie-Joséphine Godet de Vadenay, fille unique de Jérôme-César-Marie Godet, vicomte de Vadenay, baron de Neuflize. Elle avait épousé le baron des Lyons, député de la noblesse d'Artois, qui émigra sous la Terreur. Marie-Joséphine Godet de Vadenay, qui ne l'avait pas suivi dans l'émigration, fut guillotinée à Arras en 1794.

La descendance de la première branche est représentée aujourd'hui par les familles Régnier et Dastugue de Sinceny et celle de la deuxième branche par la famille des Lyons.

----

(1) Registres paroissiaux de Vadenay : Acte de mariage du 22 juin 1682.

(2) *Ibidem* : Acte de baptême du 3 avril 1684.

(3) *Ibidem* : Acte de mariage du 13 septembre 1712.

(4) Romont, hameau de Mailly (Marne). Le château appartient aujourd'hui à M. Chandon de Briailles.

BRANCHE LE PETIT DE RICHEBOURG

D'après les documents conservés au Cabinet des Titres à la Bibliothèque Nationale comme preuves de noblesse de la famille Petit de Richebourg et comprenant notamment un arrêt de la Cour des Aydes de Paris et deux arrêts du Parlement de Paris des années 1669 et 1677, sur justifications produites par Gérard le Petit de Richebourg (1), qui figure comme ascendant dans la présente généalogie, la filiation est ainsi reconnue :

I. Houdin Petit ou le Petit, marié à Marie Gaudin et père de :

II. Drouet le Petit, père de :

III. Guillaume le Petit, père de :

IV. Robert le Petit, Receveur et Intendant du Maréchal Robert de la Marck, duc de Bouillon, prince de Sedan, comte de Braine.

Robert Le Petit épousa Marguerite François, fille de Jean François, prévôt royal de Châtillon-sur-Marne, dont il eut quatre enfants, parmi lesquels Nicolas, qui suit :

V. Nicolas le Petit, procureur au siège de Châtillon-sur-Marne, épousa d^{lle} Claude Goix, dont il eut quatre enfants, parmi lesquels Guy le Petit, qui suit :

VI. Guy le Petit ou Petit, capitaine de Châtillon-sur-Marne, garde des sceaux aux juridictions et contrats de ladite prévôté de Châtillon, exerçait ses fonctions dès la fin du XVIe siècle.

Il épousa, le 7 mars 1597, Simonne Colbert, fille

(1) Cabinet des Titres : Pièces originales et dossiers bleus.

de Gérard Colbert, de Reims (1), écuyer, seigneur de Mont-Saint-Pierre, et de Pérette Lespagnol (2).

Simonne Colbert était proche cousine du Ministre J.-B. Colbert (*Voir plus loin filiation Colbert*).

De ce mariage naquirent de nombreux enfants, dont deux fils : 1° Jean Petit, écuyer, sieur de Richebourg, lieutenant général de Châtillon-sur-Marne, qui épousa Madeleine Grenet, dont il eut huit enfants ; 2° Gérard le Petit, qui suit :

VII. Gérard le Petit, écuyer, sieur de Richebourg, qui fut capitaine-guidon dans la compagnie de la Reine puis dans la compagnie des chevau-légers de Mazarin.

Les pièces produites et admises pour sa maintenue de noblesse établissent qu'il combattit en 1641 devant *Sedan*, lors de la révolte du frère de Turenne, et à la bataille de *Rocroi* en 1643 (3). Il épousa Françoise Aguette, dont il eut deux enfants : Guy le Petit de Richebourg, officier de marine, pourvu d'un office de Commissaire de la Marine et des Galères à Rochefort par la protection de son parent Colbert. Il fut ensuite chef du cabinet de Mgr le comte de Pontchartrain, Ministre de la Marine, et mourut à Paris vers 1714 (4) après avoir épousé Marie-Elisabeth Hocquart, fille de J.-B. Hocquart et de Marie-Françoise de Cosmes. Il n'en eut pas de postérité et laissa pour seule héritière sa sœur Elisabeth le Petit de Richebourg, qui suit :

(1) Cabinet des Titres (Pièces originales) et registres paroissiaux de Châtillon-sur-Marne.

(2) Fille de Gérard Lespagnol et de Jacqueline Boucher. La famille Lespagnol était une famille notable de Reims. Nous relevons dans la liste des Lieutenants des habitants de la ville Jean Lespagnol (1595), Nicolas Lespagnol (1626), Claude Lespagnol, vicomte de Bouilly (1633). Armoiries : d'azur à la foi d'argent posée en fasce avec la devise « Fides-Concordia ».

(3) Cabinet des Titres. Pièces originales.

(4) Paroisse Saint-Eustache.

VIII. Elisabeth le Petit de Richebourg, dame de Richebourg et de Tilloy, épousa le 22 juin 1682, à Vadenay (Marne), Philbert Godet, écuyer, seigneur de Vadenay et de la Motte (*Voir plus haut filiation Godet*).

Les armoiries de la famille Petit de Richebourg sont d'azur à deux épées d'argent en sautoir, la pointe en bas, cantonnées de trois larmes du même et d'un cœur d'or en pointe.

BRANCHE LA BALUE

Ainsi qu'il a été dit plus haut (filiation Godet), Pierre Godet avait épousé Jeanne de Charasson, fille de Jean de Charasson et de Marguerite la Balue, sœur du cardinal. Il n'existe aucun renseignements sur les ancêtres de la famille la Balue.

Jean la Balue, successivement évêque d'Evreux et d'Angers, fut ministre d'Etat sous Louis XI, et nommé cardinal par le pape Paul II en 1464, mais ayant eu des tractations secrètes avec le duc de Bourgogne, Charles le Téméraire, Louis XI le fit arrêter pour trahison et enfermer dans une cage de fer, où il resta onze ans. Relâché à la demande du pape, il se retira à Rome où il fut comblé d'honneurs et nommé évêque d'Albano. Il fut même envoyé, en 1484, en France comme légat du pape ; mais mécontent de l'accueil qui lui fut fait, il rentra en Italie et mourut à Pise en 1491 comme évêque de Preneste. Son corps fut déposé à Rome en l'église Sainte-Praxède où se voit son épitaphe (1).

Marguerite la Balue avait eu deux autres frères, l'un qui fut évêque de Saint-Pons-en-Tomières et Nicolas

---

(1) Cabinet des Titres : Manuscrits français. — Moréri. — Histoire de France.

la Balue, seigneur de Villepreux, Fontenay, Noisy-le-Sec, les Porcherons, Gouaix, Montramé et Cervolles, maître des Comptes, qui épousa Philippe Bureau, fille de Jean Bureau (1), chevalier, seigneur de Montglat, qui fut chambellan du roi et Trésorier de France. Il eut de ce mariage plusieurs enfants, dont une fille, Germaine la Balue épousa Charles d'Alençon, bâtard d'Alençon, fils de René, duc d'Alençon, comte du Perche, descendant du roi de France Philippe-le-Hardi, d'Isabelle d'Aragon, de Charles II, roi de Naples et de Sicile, et petit-fils de Marie de Bretagne, fille de Jean V, duc de Bretagne et de Jeanne de Navarre (2).

De son mariage avec Charles d'Alençon, Germaine la Balue n'eut qu'une fille qui ne paraît pas avoir laissé de postérité.

Le frère de Germaine la Balue, Philippe, seigneur de Villepreux, laissa de la postérité masculine qui s'éteignit en 1576 en la personne de Claude de la Balue, seigneur de Villepreux, fils de Claude et de Marthe du Thinel.

Une autre sœur de Germaine la Balue épousa Gérard Le Coq, conseiller au Parlement de Paris.

Les armoiries des la Balue étaient d'argent à trois pots de sable.

BRANCHE L'HOSTE

L'ancêtre le plus lointain de cette branche est :

I. Jacques L'Hoste qui était médecin du roi Louis XI en 1470 et qui fut le père de :

(1) Une des filles de Jean Bureau, Isabelle Bureau, épousa Geoffroy Cœur, seigneur de la Chaussée, fils de Jacques Cœur.

(2) ANSELME : *Histoire généalogique de la Maison de France*, tome premier, page 275.

II. Claude L'Hoste, écuyer, seigneur de Récy et de Dompmartin, prévôt des maréchaux de France en Champagne, fille de Pierre Braux et de Poussette de Dompmartin (*Voir plus loin filiation Braux*), d'où :

III. Claude L'Hoste, deuxième du nom, écuyer, seigneur de Récy, Livry, Vadenay, Reiges et Soudé-Notre-Dame, qui épousa Françoise de Ménisson, dont il eut :

IV. Bonaventure L'Hoste, dame de Vadenay, qui épousa à Châlons, au mois de juillet 1583, Philbert Godet, écuyer, seigneur de Tilloy (*Voir plus haut filiation Godet*).

Les armes de la famille L'Hoste étaient d'azur à la tête de griffon arrachée d'argent.

***

BRANCHE DE MÉNISSON

I. L'ancêtre le plus lointain de cette branche, d'après les documents conservés au Cabinet des Titres, est Jehan de Ménisson, qui épousa Simonne Chevri, dont il eut :

II. Jehan de Ménisson, deuxième du nom, qui épousa Sibille Dixonne, fille d'Antoine Dixonne et de Sibille de Roffai, d'où :

III. Christophle de Ménisson, seigneur de Saint-Aventin-Souleaux et de Vauchonvilliers, reconnu comme noble par décision du baillage de Troyes du 11 janvier 1548. Il épousa Claudine Largentier, fille d'un nommé Largentier (1) et d'une damoiselle Perricard, dont il eut entre autres enfants :

IV. Antoine de Ménisson, écuyer, seigneur de Saint-Pouanges et autres lieux, qui épousa Isabeau de Marisy (*Voir plus loin filiation de Marisy*).

Antoine de Ménisson eut un curieux procès à soutenir contre François et Antoine de la Rochefoucault, qui avaient intenté une action devant le Parlement de Paris pour faire annuler la vente faite par feue leur mère, Antoinette d'Amboise, à Christophle de Ménisson, père d'Antoine de Ménisson, de la terre de Vendeuvre, sous prétexte que cette terre, étant un fief noble, ne pouvait être tenue par les Ménisson, qu'ils prétendaient non nobles.

Par arrêt très intéressant du Parlement, en date du 12 mai 1559, et dont l'original se trouve au Cabinet des Titres, sur le vu des justifications produites par Antoine de Ménisson, les frères de la Rochefaucault furent déboutés de leur prétention et condamnés en tous dépens.

Cet arrêt du Parlement contient notamment le considérant suivant, qui n'est pas sans intérêt au point de vue de la transmission de la noblesse aux descendants des nobles de Champagne : « *Par le 1er article du titre de l'Estat et condition des personnes des coutumes du baillage de Troyes était dit ceux être nobles qui par mariage estoient issus de père ou de mère noble, et suffisoit que le père ou la mère fust noble, bien que l'autre desdits conjoints fut non-noblē et de cette condition, et par le 16° article des droits et prérogatives des nobles, était porté que toutes personnes nobles pouvaient acquérir et tenir terres et fiefs nobles, quelles qu'elles fussent, et supposé que ne vécussent pas noblement, mais marchandement ou roturièrement, — ce que ne pourrait tenir autre personne qui ne serait noble. De ces deux articles conjoints ensemble, s'ensuivait que pour tenir fief en ce*

____

(1) Famille notable de Troyes, de noblesse reconnue (Cabinet des Titres).

*baillage, suffisoit d'être issu et descendu de père ou
de mère noble ; encore ce qui plus était, ne faulloit
regarder la forme et manière de vivre, noble ou mar-
chande et roturière, ains suffisoit avoir qualité de
noblesse ou de père ou de mère . » (1)*

Ce arrêt consacrait le droit des Ménisson à la
noblesse par les femmes et la transmission du même
droit à tous leurs descendants (2).

De son mariage avec Isabeau de Marisy, Antoine de
Ménisson eut :

V. Claude de Ménisson, écuyer, seigneur de Saint-
Pouanges et autres lieux, qui épousa Marguerite
Godet de Tilloy, fille de Louis Godet, seigneur de
Tilloy et de Marie Domyne (3) (*Voir plus haut filia-
tion Godet*), dont il eut :

VI. Marie de Ménisson de Saint-Pouanges, née le
9 octobre 1588, qui épousa le 9 février 1617, à Châlons, son cousin-germain, Philbert Godet de Vadenay.

Il est fait observer ici que la famille de Ménisson,
en raison de cette alliance, figure deux fois dans l'ascendance, ainsi que la famille Godet, en raison du
mariage de Françoise de Ménisson avec Claude
L'Hoste (*Voir plus haut filiation L'Hoste*).

Les armoiries de la famille de Ménisson sont : d'or
à la croix ancrée de sable.

---

(1) Cabinet des Titres. Dossiers Ménisson et Nouveau d'Hozier.

(2) Lire *La Noblesse maternelle en Champagne*, par P. Biston
(1878).

(3) Contrat de mariage, 20 janvier 1585, entre Claude de Ménisson, seigneur de Saint-Pouanges, fils d'Antoine de Ménisson
et de feue Elisabeth de Marisy, et Marguerite Godet, fille de
Louis Godet, écuyer, seigneur de Tilloy, lieutenant au baillage
de Vitry et de Marie Domyné (Pinteville, notaire) (Cabinet des
Titres, Pièces originales).

BRANCHE VARIN

L'ascendant le plus loinfain de cette généalogie est :

I. Gérardin Varin, qui épousa Françoise Guyot. Gérardin Varin décéda à Châlons-sur-Marne le 10 janvier 1618 et Françoise Guyot le 21 mai 1615 (1). De ce mariage est issu :

II. Nicolas Varin, écuyer, gouverneur municipal de Châlons, qui épousa Marguerite Deu, née le 18 juin 1598, de Jacques Deu (2) et de Marie Tutelle.

Nicolas Varin mourut en 1642 et Marguerite Deu en 1646. Ils furent inhumés en l'église Notre-Dame de Châlons où leur tombe existe toujours (3). De ce mariage naquit :

III. Jehanne Varin, née à Châlons le 23 juin 1621, qui épousa à Châlons, le 8 novembre 1643, Charles Godet de Vadenay, seigneur de Vadenay et autres lieux. (*Voir plus haut filiation Godet*).

Les armoiries de la famille Varin sont d'azur à trois cygnes d'argent.

---

(1) États civils des registres paroissiaux de Châlons.

(2) La famille Deu existait à Châlons dès le Moyen Age. — Sanche Deu figure en 1375 dans le Conseil des Notables de cette ville. Les deux branches de la descendance masculine se sont éteintes au xviiie siècle avec les Deu de Marsan et les Deu de Vieil-Dampierre. Les armoiries étaient d'or à la fasce d'azur, accompagnée en tête de deux canettes et en pointe d'un arbre arraché de sinople.

(3) Les pierres tombales des églises de Châlons.

BRANCHE BRAUX

Cette branche a comme tige au xiv° siècle :

I. Jean Braux, annobli en 1366 par le roi Charles V le Sage. Il épousa Jeanne le Roy et eut de ce mariage :

II. Guillaume Braux, écuyer, qui épousa Méline Luquette, dont il eut un fils, qui suit :

III. Pierre Braux, écuyer, seigneur de Dommartin-la-Planchette (1) et des Bois-de-Florent. Il vivait en 1435 et épousa sa cousine, Marie Aubry, fille de Jean Aubry et de Marguerite le Roy, dont il eut :

IV. Pierre Braux, deuxième du nom, né en 1459, qui épousa Poussette de Dommartin, fille de Michel de Dommartin, dont il eut :

V. Jeanne Braux, épouse de Claude L'Hoste, seigneur de Récy, prévôt des maréchautx de Champagne (*Voir plus haut filiation L'Hoste*).

Les armoiries de la famille Braux sont de gueules au dragon ailé d'or.

BRANCHE COLBERT

Il a été établi plus haut (*filiation Le Petit de Richebourg*) que Guy le Petit, capitaine à Châtillon-sur-Marne, avait épousé Simonne Colbert, fille de Gérard Colbert, seigneur de Mont-Saint-Pierre et de Perrette Lespagnol. Les généalogies de la famille Colbert,

(1) Dommartin-la-Planchette, Canton de Sainte-Menehould.

comprenant toutes les branches de cette maison, indiquent effectivement cette alliance et il nous suffit de nous y reporter pour établir l'ascendance complète de cette tige de notre généalogie.

« La Maison de Colbert a pris et donné des alliances dans les premières Maisons de France et d'Europe. Telles sont celles de Furstemberg, de la Tour-Taxis, de Spinola, de Montmorency, de Saint-Nectaire, d'Esparbès, d'Aubeterre, d'Estaing, de Froulay, de Rochechouart, de Franquetot, de Torcy, de Seignelay, d'Estouteville, de Clermont, de Jonzac, de Luynes et de Chevreuse, de Maulévrier des ducs de Saint-Pierre, de Sully, de Guébriant et l'on pourrait dire, en général, des plus grandes Maisons du Royaume ; mais ce qui la relève encore le plus, ce sont les grands hommes qu'elle a produits dans l'élévation de ses talents et qui immortaliseront à jamais son nom. »

Tel est le préambule de la généalogie imprimée déposée au Cabinet des Titres et qui fut établie dans la première moitié du xviiie siècle. Deux autres généalogies manuscrites, faites sous une autre forme, mais également concordantes, se trouvent aussi au Cabinet des Titres. Sauf l'une d'elles, qui ne concerne que la branche directe du Ministre Colbert et de ses enfants, elles comprennent toutes *Simonne Colbert* et son *mari Guy-le-Petit* (1).

C'est à ces généalogies, qui furent admises au xviie et au xviiie siècles par l'Ordre de Malte et l'Ordre du Saint-Esprit pour la réception de plusieurs membres de la famille Colbert, que nous nous en référons pour l'établissement de la nôtre.

La famille Colbert était d'origine écossaise et issue des barons de Castelhill. D'après un acte authentique

_____

(1) Cabinet des Titres. — Pièces originales. — Dossiers bleus. — d'Hozier, Nouveau d'Hozier. (Voir également pour Simonne Colbert et Guy le Petit l'*Histoire généalogique des Pairs de France*, par le chevalier de COURCELLES (1829) branche des marquis de Villacerf), tome X, page 51.

du Parlement d'Ecosse (1) qui certifie cette extraction la filiation est la suivante :

I. Jacques Colbert, baron de Castelhill, qui vivait vers 1180, épousa Elisabeth Lyon, des barons de Glamis (2). De ce mariage naquit :

II. Georges Colbert, baron de Castelhill, qui épousa Catherine Dumbar, fille de Jean Dumbar, baron de Tarbat et de Catherine Murray, des barons de Tullybardin. Ils eurent pour fils :

III. Jacques Colbert, deuxième du nom, baron de Castelhill, qui épousa Jeanne Frazer, fille de Simon Frazer, baron de Foirs, et d'Isabelle Mackinstohn, issue des Macduff, comtes de Fife. De ce mariage :

IV. Georges Colbert de Castelhill, deuxième du nom, qui épousa Marie Ross, fille de Hugues Ross, baron de Kilravock, et de Marie Macdonald, des barons de Glengary. Ils eurent trois enfants : 1° Georges, qui a continué la filiation en Ecosse et dont des descendants s'établirent à Calais au xviii° siècle (3) ; 2° Richard Colbert, qui passa en France avec son frère puiné ; 3° Edouard Colbert, qui suit.

Richard Colbert mourut à Reims en 1300. Il fut inhumé en l'église des Cordeliers de Reims, où subsista jusqu'à la Révolution sa pierre tombale portant ses armoiries, qui sont toujours celles des Colbert, avec cette épitaphe : « Ci git ly preux chevalier

(1) Acte du Parlement d'Ecosse du 15 juillet 1686, confirmé par Lettres patentes du roi Jacques en mars 1687.

(2) Voir plus loin notice sur la famille Lyon et les familles ascendantes d'Ecosse au xviii° siècle les Colbert d'Ecosse étaient représentés en France par un colonel du Régiment royal écossais et par Mgr Colbert de Castelhill, né en Ecosse en 1736, évêque de Rodez en 1781 et député du clergé aux Etats généraux. Il émigra et mourut à Londres en 1813.

(3) Cette branche était encore représentée en France en 1830 par Louis de Colbert Castelhill, lieutenant d'infanterie.

Richard Colbert, dit ly Ecossois — 1300 — En Ecosse je us le berceau et Rheims m'a donné de tombeau. » *(Procès-verbal de constat dressé le 14 avril 1719 et dont l'original se trouve à la Bibliothèque Nationale, section des manuscrits.)*

V. Edouard Colbert, sieur de Castelhill, qui épousa vers 1284 Marie Lindsay, des barons de Greneske et d'Edzell, fille de Jean Lindsay, baron du roi à Egall, et de Marguerite Irwing, des barons de Drum. Jean Lindsay était le frère de Jacques Lindsay, qui avait épousé Gillette Stuart, fille de Walter Stuart, sénéchal d'Ecosse, et d'Elisabeth Graham. Edouard Colbert quitta l'Ecosse avec Enguerrand de Coucy, qui avait épousé Chrétienne de Bailleul, parente du roi Alexandre III d'Ecosse.

Edouard Colbert reçut, par un titre du mois de juin 1317 du sire de Coucy, une rente pour lui, sa femme et son fils, leur vie durant, sur les tailles de la ville de Marle *(Cabinet des Titres, Manuscrits français)*.

Voici ce que dit de la famille Lindsay la généalogie manuscrite Colbert : « La famille Lindsay est très illustre dans le royaume d'Ecosse. Il suffit, pour le prouver, de remarquer que Jean Stuart, connétable des Ecossais en France, où il fut tué en 1429, neveu de Robert Stuart, roi d'Ecosse, avait épousé Elisabeth Lindsay, dont sont issus en ligne directe les rois d'Angleterre et les ducs de Richemond et de Lenox. »

VI. Edouard Colbert, deuxième du nom, fils du précédent et de Marie Lindsay, continua à vivre auprès du sire de Coucy et épousa, à Rheims, damoiselle Walburge Canard, fille de Jean Canard (1), avocat et vidame de l'archevêché de Rheims. Le frère de Walburge, Jean, vidame de l'archevêché après son père, fut le père de Jean Canard, abbé de Saint-Denis-de-Reims, puis chancelier de Bourgogne et enfin évêque d'Arras, qui fut admis au grand Conseil du Royaume

(1) Canard : D'azur à un canard d'argent becqué et membré de gueules.

par Lettres du 20 février 1399 et mourut à Paris en 1404 après avoir testé devant les notaires de Paris (1).

Walburge Canard mourut en 1373, laissant de son mariage avec Edouard Colbert :

VII. Foulques Colbert, né en 1361. Il se fixa définitivement à Reims où habitait sa famille maternelle et vécut dans le faubourg Cérès, dit la généalogie, du revenu des terres qu'il cultivait. Il épousa Jeanne de Buci, fille de Jean de Buci, dont le frère était châtelain de Chauny. — Cette famille des vicomtes de Buci a, — d'après le même document, — une existence antérieure au règne de Philippe-Auguste. Elle a fourni un « évêque » de Paris, prénommé Matifas, inhumé en 1301 derrière le chœur de la cathédrale sous un tombeau de marbre blanc et noir dans la chapelle par lui fondée.

Un autre de Buci fut premier président du Parlement de Paris (1350) et c'est lui qui a donné son nom à la porte de Buci et à la rue du même nom, qu'il fit repaver parce qu'elle était proche de sa demeure. Enfin, un autre membre de la famille, Simon de Buci, fut évêque de Soissons, où il mourut en 1404 (2).

Armoiries des Buci : de gueules à la bande d'or, chargée de trois lions de sable.

Du mariage de Foulques Colbert avec Jeanne de Buci naquit :

VIII. Gilles Colbert, né en 1399 et mort en 1460. Il épousa Anne de Compans, fille de Gérard de Compans, sieur de Bourse-Rouvée. La famille de Compans (3) est originaire de Bar-sur-Seine et fut anoblie par Lettres de Philippe de Valois du mois de décembre 1344, mentionnées aux extraits du Trésor et de la Chambre des Comptes de Paris. De ce mariage :

(1) Cabinet des Titres (Manuscrits français).

(2) Cabinet des Titres. Manuscrits français, Généalogie Colbert.

(3) Compans : d'or à trois gonfalons de gueules.

IX. Edouard Colbert, sieur de Crèvecœur et Magneux, qui épousa en 1471 Louise Journée (1), fille d'Eudes de Journée, seigneur de Martaigneville.

De ce mariage naquit :

X. Gérard Colbert, sieur de Magneux et Crèvecœur, qui épousa en 1498, étant encore mineur, Marguerite d'Y de Séraucourt, fille de Michel d'Y, seigneur de Séraucourt, châtelain de Falvy (2).

Gérard Colbert est notre ancêtre commun avec le ministre Jean-Baptiste Colbert. Il eut de son mariage plusieurs enfants. Citons seulement Hector Colbert, bisaïeul du ministre et Gérard Colbert, qui continue notre filiation.

XI. Gérard Colbert, deuxième du nom, seigneur de Mont-Saint-Pierre et de Magneux, qui épousa en premières noces Jeanne Moët et en deuxièmes noces Jeanne Thierry, fille d'Oudard Thierry (3), receveur de l'archevêché de Reims. Il mourut le 24 mars 1574. laissant de son second mariage entre autres enfants :

XII. Gérard Colbert, seigneur de Mont-Saint-Pierre, troisième du nom, marié en premières noces à Anne Convers et en deuxièmes noces à Perrette Lespagnol, fille de Gérard Lespagnol et de Jacqueline Boucher.

Il eut de son second mariage plusieurs enfants parmi lesquels Gérard, seigneur de Mont-Saint-Pierre et Tilloy, décédé sans postérité ; Jeanne, mariée à Nicolas Dallier, conseiller au Présidial de Reims et Simonne, qui suit :

XIII. Simonne Colbert, mariée le 7 mars 1597 à Guy Le Petit, capitaine du château de Châtillon-sur-Marne (voir plus haut filiation Le Petit de Richebourg).

---

(1) Journée : de sinople au jars d'argent.

(2) d'Y : d'azur à trois chevrons d'or.

(3) Thierry : d'azur à trois lions naissants d'or.

BRANCHES D'ECOSSE

Les familles écossaises auxquelles se rattache notre généalogie étaient, dès le moyen âge, les plus puissantes de l'Ecosse. L'histoire de ce royaume donne des récits détaillés sur les luttes politiques de ces époques lointaines, luttes où se trouvent constamment mêlés les Glammis, les Fife, les Mar, les Dumbar, les Cuming les Murray, les Lindsay, les Stuart et beaucoup d'autres dont les noms figurent dans notre ascendance.

Dans cette Ecosse, avec ses montagnes sauvages, ses lacs, ses torrents, ses îles et ses forêts mystérieuses, qui furent le cadre prédestiné de tant de luttes légendaires, il n'existait pas de règle absolue pour la succession au trône. Bien que les rois fussent toujours pris parmi les descendants de la vieille dynastie, la désignation faite par les grands seigneurs et ratifiée en principe par le peuple pouvait attribuer la couronne à un frère, un neveu ou autre, à l'exclusion du fils du roi (1). Cette manière de procéder ouvrait la porte à toutes les compétitions et elle est la véritable cause des commotions politiques et des conspirations constantes qui ont, durant des siècles, agité ce royaume.

Les grands vassaux de la couronne jouissaient en réalité d'une souveraineté presque absolue dans leurs provinces. Fréquemment en guerre les uns contre les autres, ils s'alliaient, suivant les circonstances, au roi contre les factions ou aux factions contre le roi.

Ces magnats, qui gravitèrent toujours autour des rois d'Ecosse, parents de la plupart d'entre eux, participèrent, depuis la féodalité, jusqu'aux insurrections jacobites du xviiie siècle aux guerres extérieures ou intestines de la Grande-Bretagne et ils furent souvent les acteurs et parfois les victimes des intrigues tra-

---

(1) *Histoire d'Ecosse* (WALTER SCOTT).

giques et des drames sanglants qui sont toute l'histoire des rois d'Ecosse.

Il faudrait plusieurs volumes pour relater le rôle
de ces familles (1). Nous nous bornerons à établir
sommairement les filiations qui nous intéressent
d'après l'acte du Parlement d'Ecosse, en indiquant
seulement en note l'origine des renseignements com-
plémentaires puisés à d'autres sources.

LYON

Elisabeth Lyon, qui épousa Jacques Colbert, baron
de Castelhill, appartenait à une famille d'origine
française, dont un membre passa en Ecosse au xii^e
siècle sous le roi Edgar, qui lui donna de grands biens
et la seigneurie de Glamis en récompense de ses services. Un de ses descendants fut créé lord en 1379 par
le roi Robert II d'Ecosse et épousa Jeanne Stuart, fille
du roi. Il fut assassiné par le comte de Crawford. Le
fils de ce dernier, marié à une Graham, fut inhumé,
comme étant de sang royal, dans la sépulture des rois
d'Ecosse à Scone. Les Lyon s'allièrent par la suite aux
Ogilvy, aux Seymour, aux Gray, aux Chesterfied,
etc., etc. (2).

Armoiries : d'argent au lion d'azur enclos dans un
double trécheur du même.

DUMBAR ET MURRAY

Catherine Dumbar, femme de Georges Colbert, était
fille de Jean Dumbar, baron de Tarbat, issu en ligne
directe des comtes de March et de Dumbar et de
Catherine Murray, fille de Guillaume Murray, baron
de Tullybardine.

(1) La seule histoire généalogique de la famille Lindsay comporte trois volumes touffus de 400 pages chacun (Lives of
Lindsay) by lord Lindsay (1849).

(2) Dictionnaire historique de Moreri.

La famille Murray, l'une des plus illustres d'Ecosse, était originaire de Moravie et passée en Ecosse sous le roi Cobred Ier, dans les premiers siècles de notre ère. La filiation des Murray s'établit ainsi :

I. Jean Murray, qui vivait vers 1220 et qui fut le père de :

II. Maurice Murray, seigneur de Bothwel, qui épousa la fille de Jean Cuming (1), comte de Buchau, dont il eut plusieurs enfants : 1° Guillaume, qui suit ; 2° André Murray, tige de la famille d'Abercanie, qui épousa Isabelle Bruce sœur du roi Robert Bruce ; 3° une fille mariée à Archibald Douglas. Le petit-fils d'Archibald Douglas épousa Isabelle Stuart, fille de Robert II, roi d'Ecosse et la fille née de ce mariage, Marguerite Douglas, épousa Jean Stuart, frère de Jacques II roi d'Ecosse (2).

III. Guillaume Murray, baron de Tullybardine, épousa Ada, fille de Malise, Sénecals ou Stuart de Strathern, et de sa femme Marielle, fille de Cungal, fils de Duncan, duc de Mar (3), dont il eut :

IV. Catherine Murray, dont la fille, Catherine Dumbar, épousa Georges Colbert.

La famille Murray joua un rôle considérable dans l'histoire d'Ecosse, ainsi que la famille Douglas. Le roi Jacques V, père de Marie Stuart, eut hors mariage un fils nommé Jacques Stuart, comte de Murray, qu'il légitima. Ce dernier fut régent d'Ecosse et mourut assassiné en 1570 (4).

---

(1) Un fils de Jean Cuming, dénommé aussi Jean Cuming fut un des onze prétendants qui posèrent leur candidature au trône d'Ecosse, comme descendants des anciens rois, après la mort du roi Alexandre III (1249) (*Histoire d'Ecosse*, par Armand Carrel, *Histoire d'Ecosse*, par Walter Scott, etc.).

(2) *Histoire généalogique de la Maison de France*, par Anselme. *Généalogie des Douglas*, tome IX.

(3) *Dictionnaire historique de Moréri.*

(4) Mignet : *Histoire de Marie Stuart.*

FRAZER

Jeanne Frazer, qui épousa Jacques Colbert, baron de Castelhill, appartenait aussi à un clan considérable d'Ecosse. Elle était fille de Simon Frazer, baron de Foirs et d'Isabelle Mackinstosh.

Simon Frazer était fils de Jean Frazer de Foirs et d'Euphémie Carnegie, de la famille des comtes de Southesk.

Jean Frazer était lui-même issu de Simon et de Marguerite Stuart, fille de Walter Grand-Stewart d'Ecosse, descendant des anciens rois d'Ecosse (1).

Isabelle Mackinstosh était fille du baron de Mackinstosh, qui descendait du célèbre Macduff, thane de Fife, lequel avait épousé Béatrix, fille de Banquo (2), thane de Lochaber, membre de la famille royale d'Ecosse, qui fut assassiné avec trois de ses fils par ordre de Macbeth, son parent, par crainte de sa compétition à la couronne.

Macduff est le héros populaire d'Ecosse, qui replaça Malcolm, fils du roi Duncan, sur le trône de son père, que Macbeth avait usurpé après avoir assassiné le roi Duncan. — Macbeth fut lui-même tué par Macduff au cours d'une bataille (2). En reconnaissance des services rendus, Malcolm décida que ce serait toujours un descendant de Macduff, comte de Fife (3), qui poserait la couronne sur la tête du roi à la cérémonie du couronnement.

Les armoiries de la famille Frazer sont de gueules à trois quintefeuilles d'argent.

---

(1) Cabinet des Titres. Pièces originales. (Généalogie manuscrite des Stuarts). — A sorth historical account of the Royal Family of Scotland, by Duncan Stewart (Bibl. Nat.).

(2) Banquo ou Banco : lire la tragédie de *Macbeth*, par SHAKESPEARE.

(3) C'est à partir de cette époque que le titre de thane fut remplacé en Ecosse par le titre de comte, suivant l'usage d'Angleterre où Malcolm s'était réfugié pendant le règne de Macbeth.

ROSS

Ainsi qu'il est dit plus haut à la filiation Colbert, Marie Ross, qui épousa Georges Colbert, deuxième du nom, était fille de Hugues Ross, baron de Kilravock et de Marie Macdonald.

D'après l'acte du Parlement d'Ecosse, la filiation s'établit ainsi qu'il suit :

I. Robert Ross, baron de Kilravock, de la famille très ancienne des comtes de Ross, dont un des membres, William, fut prétendant au trône d'Ecosse du temps de Robert Bruce (1). Il épousa Marguerite de Cadell, fille du baron de Cadell, vicomte héréditaire de Nairn d'où :

II. David Ross, baron de Kilravock, qui épousa Isabelle Scrymgeour, fille de Thomas Scrymgeour, connétable de Dundee (2) et d'Isabelle Grand, d'où :

III. Hugues Ross, baron de Kilravock, qui épousa Marie Macdonald, fille d'Enée Macdonald, baron de Glengary et de Marguerite Macleod, d'où :

IV. Marie Ross, épouse de Georges Colbert.

Enée Macdonald était le fils de Donald Macdonald de Glengary et de Catherine Macleod, fille du baron de Duckart in Mull.

Marguerite Macleod était fille de Macleod, baron de l'île d'Herre et de Jeanne Mackenzie fille de Mackenzie, baron de Kintail, de qui descendent les comtes de Seaforth.

La famille Ross occupe une place importante dans l'histoire d'Ecosse. Signalons seulement qu'Euphémie Ross, fille d'un autre Hugues, comte de Ross, descendant du précédent, épousa, en 1372, Robert Stuart, roi d'Ecosse, aïeul de Marguerite, femme de Louis XI,

(1) A Short historical account of the Royal Family of Scotland, by Duncan Stewart. — Foedera angliæ, tome II.

(2) D'où sont issus les comtés de Dundee.

roi de France, d'Eléonore, qui épousa un archiduc d'Autriche, d'Isabelle, qui épousa François de Bretagne et de la reine Marie Stuart, dont descendent presque toutes les familles royales d'Europe, y compris Louis XV et ses successeurs de la branche des Bourbons. Jacques Stuart, descendant d'Euphémie Ross au septième degré, réunit sur sa tête en 1603 les deux royaumes d'Ecosse et d'Angleterre (1).

LINDSAY

Marie Lindsay, femme d'Edouard Colbert et qui passa avec lui en France à la fin du xiiie siècle, était fille de Jean Lindsay, baron de Gleneske et de Marguerite Irwine. Jean Lindsay était fils d'un autre Jean Lindsay, comte de Crawfoord et de Marie Gordon. Ce dernier était lui-même fils d'Alexandre Lindsay, baron de Gleneske et de Jeanne Graham. Alexandre était fils de Jean Lindsay, baron de Gleneske, tige primitive, et de Catherine Fleming, fille du baron de Biggar.

La famille Lindsay était parente des Stuart, des ducs de Perth, des Campbell, des Hay, des Forbes, des Douglas, des Ogilvy, des Seaton, des Keith, etc., toutes familles ayant pris et donné de nombreuses alliances dans les familles royales d'Ecosse et d'Angleterre (2).

Ainsi qu'il a été dit plus haut (voir branche Colbert) une parente de Marie Lindsay, Elisabeth Lindsay épousa Jean Stuart, comte de Darnley, et le descendant au sixième degré de ce mariage, Henri Stuart de Darnley, duc de Rothes, fils de Mathieu Stuart, comte de Lenor et de Marguerite Douglas, devint roi d'Ecosse

(1) *Généalogie des Stuarts. — Histoire d'Angleterre, Histoire d'Ecosse et Histoire de France. Cf. Dictionnaire historique, de* Moréri, etc...

(2) *Généalogie des rois d'Ecosse, au Cabinet des Titres. —* Cambden. — Buchanan. — *Dictionnaire de la noblesse. — Dictionnaire, de* Moréri. — *Note sur la famille Colbert, par* N. Colbert, marquis de Chabanais (1685). — *Histoire généalogique de la Maison de France, par* Anselme, etc.

par son mariage avec Marie Stuart, veuve de François II, roi de France. De cette union sont issus les rois d'Ecosse et d'Angleterre et leur descendance par les femmes dans toutes les maisons régnantes d'Europe.

Armoiries : De gueules à la bande formant damier d'argent et d'azur.

STUARTS ET ROIS D'ECOSSE

Un certain nombre de biographies des Colbert signalent que cette famille descendait des anciens rois d'Ecosse. L'abbé Ménage avait établi en ce sens une généalogie complète que nous n'avons pu retrouver (1).

Pourtant, le duc Saint-Simon, dans ses Mémoires, glisse sur le ton caustique qui lui est habituel, des doutes sur cette ascendance royale. Ce qui semblait pouvoir étayer cette suspicion, c'est qu'au xvi⁰ siècle, les Colbert étaient d'une situation relativement modeste et appartenaient à cette classe de petite noblesse commerçante, assez nombreuse en Champagne, possédant fiefs nobles, mais vivant *bourgeoisement et marchandement* (2).

Il est cependant nettement établi que le grand père de Colbert était sieur du Terron. D'autre part, Simone Colbert, notre aïeule, née quarante ans avant Colbert, et cousine germaine de son père, était fille de Gérard Colbert, écuyer, seigneur de Mont-Saint-Pierre, ainsi qu'en témoignent des documents irrécusables et notamment les registres paroissiaux du xvi⁰ siècle. Cette famille n'était donc pas aussi obscure que l'ont prétendu certains manuels d'histoire.

Si la prétention de Colbert à d'antiques origines n'eût été qu'une assertion sans aucune preuve, nous pourrions considérer, avec Saint-Simon, qu'il n'y

(1) *Dictionnaire de biographie historique*, de MICHAUD.

(2) Voir la *Note sur la famille Colbert*, par le marquis COLBERT DE CHABANAIS.

avait là qu'une fiction germée dans une imagination
vaniteuse ; mais nous nous trouvons en présence d'un
acte authentique du Parlement d'Ecosse, daté de 1686
et confirmé par Lettres patentes du roi Jacques VII
(1687).

Cet acte du Parlement, rédigé en un latin assez con-
fus, est signé du comte de Perth, chancelier d'Ecosse,
du marquis d'Athol, garde du sceau royal, du comte
Keith, maréchal d'Ecosse, du comte d'Errol, connétable d'Ecosse, du comte Livington, justicier général
d'Ecosse, du comte Lyon de Strathmore, du comte
Maitland de Landerdale, du comte Southesk, du
comte Early, du comte Kintore, du comte Lindsay-
Lovat, du comte Brealdane, du vicomte de Tarbat,
garde des archives, du baron Irwing de Drum, du
baron Ross de Balnagowan, du baron Mackintosh, du
baron Calder, du baron Ross de Killravock, du baron
Colbert de Drakies, du baron Macléan de Brolisk, du
baron Dallas de Saint-Martin, presque tous descendants ou parents des familles ascendantes de Colbert
et bien qualifiés par conséquent pour certifier leur
origine commune (1). Il paraît difficile de supposer
que les pairs d'Ecosse aient composé et authentifié en
Parlement, par pure complaisance pour Colbert, une
généalogie fantaisiste.

Nous avons voulu cependant approfondir et contrô-
ler, autant que les documents à notre portée ont pu
nous le permettre, la sincérité de cette filiation. En
vérifiant dans la généalogie des Stuart et des familles
ci-dessus énumérées la concordance avec l'acte du
Parlement d'Ecosse, nous sommes arrivés à cette con-
clusion qu'effectivement, et de divers côtés, l'ascendance des Colbert, et par conséquent la nôtre, se rattache à la dynastie des anciens rois d'Ecosse.

Il résulte en effet de ces documents :

1° Que Guillaume Murray, père de Catherine Murray, épousa Ada, de la famille des Stuart de Strathern (2).

(1) Registres du Parlement d'Ecosse, Livre XXIX, page 247.
(2) *Dictionnaire de Moréri.*

2° Qu'Isabelle Mackintosh descendait directement de Macduffe et de Béatrix Stuart, arrière-petite-fille du roi Kenneth III (1).

3° Que Marguerite, fille de Walter Stuart, grand Sénéchal d'Ecosse et frère de Béatrix ci-dessus, épousa au xi° siècle Simon, d'où, dit la généalogie, sont descendus les Frazer (2).

Ajoutons que la famille Cuming (3) était une de celles qui prétendait au trône comme descendant des anciens rois d'Ecosse, que la famille Douglas émit la même prétention lors de l'avènement de Robert II, et que deux membres de la famille Ross furent également compétiteurs à la couronne, du temps de Robert Bruce (4).

Ce sont là des textes précis, recueillis dans la généalogie des Stuart et dont il n'y a aucune raison, *étant donné leur peu d'intérêt dans les filiations royales*, de contester l'exactitude.

A côté de ces documents concernant l'ascendance nous voyons la parenté établie par le mariage de Hugues, comte de Ross, avec Jeanne Stuart, de Jacques Lindsay avec la sœur Jeanne Stuart ci-dessus, d'Elisabeth Lindsay avec Jean Stuart, comte de Darnley, ancêtre de Henri Stuart, roi d'Ecosse ; de Robert II, roi d'Ecosse, avec Euphémie Ross, sa parente (5), et de multiples mariages des Douglas et des Murray dans les familles royales d'Ecosse et d'Angleterre.

La filiation nous concernant s'établit ainsi :

(1) *Généalogie manuscrite des Stuart* (Cabinet des Titres. — Pièces originales). — *Généalogie des Stuart*, par DE NOUBLANCHE.

(2) *Ibidem*.

(3) *Histoire d'Ecosse* : Jean Cuming fut tué par Robert Bruce et Jacques Lindsay.

(4) *Histoire d'Ecosse*, A Sorth Historical account of the Royal Family of Scotland, by Duncan Stewart.

(5) Dispense accordée par le pape autorisant le mariage malgré la parenté au troisième degré (Archives du Vatican).

I. Kenneth III, 80° roi de la dynastie des Dalriades, descendu au 38° degré de Fergus, roi d'Ecosse, fils de Ferquhard, roi d'Irlande.

Le roi Kenneth fut tué en l'an 995, laissant comme fils le roi Malcolm II, tué lui-même en 1040 et :

II. Ferquhard, thane de Lochaber, qui fut le père de :

III. Banco ou Banquo, thane de Lochaber, tué par son parent Macbeth en 1045, ainsi que trois de ses fils. Un seul d'entre eux, Fléance, qui suit, échappa à la mort.

Banco eut plusieurs filles dont l'une, Béatrix, épousa notre ancêtre Macduffe, qui tua lui-même Macbeth (*Voir plus haut filiation Frazer*).

De cette union descendit, d'après la généalogie des Colbert, Isabelle Mackinstosh, grand'mère de Georges Colbert, deuxième du nom (*Voir plus haut filiation Colbert*).

IV. Fléance, thane de Lochaber, qui épousa la fille d'un prince anglais, dont il eut :

V. Walter, grand sénéchal d'Ecosse, thane de Lochaber, qui prit le premier titre de Stewart, devenu le nom de la famille. Il mourut en 1093, laissant d'Alde de Dumbar, petite-fille du roi Guillaume d'Ecosse, de nombreux enfants, parmi lesquels Marguerite, qui épousa Simon Frazer, tige de la famille des Frazer, et Gillette Stuart, qui épousa Jacques Lindsay, frère de Jean Lindsay.

Les renseignements qui précèdent sont extraits des généalogies des Stuart, de la généalogie du roi Jacques Ier d'Angleterre par John Owen Harry (Londres, 1604), qui comporte une centaine de générations, des histoires d'Ecosse par Buchanan, Lesley, Béotius, etc., et des documents concordants du Cabinet des Titres (Cabinet d'Hozier et Pièces Originales), ainsi que de la généalogie Colbert.

Arrivés à cette époque un peu nébuleuse où, malgré l'abondance des documents conservés dans les chartes des monastères et dans les archives millénaires, l'histoire commence à se confondre un peu avec la légende, nous ne croyons pas utile de reproduire ici la longue liste des rois d'Ecosse. Disons seulement que la généalogie du roi Kenneth III, notre aïeul, le fait remonter, à travers de nombreuses générations, jusqu'aux rois de Scythie et d'Egypte et jusqu'aux époques fabuleuses et bibliques de l'ère primitive, confins de la mythologie.

Nous estimons que cette longue énumération alourdirait sans grand intérêt notre travail scrupuleusement documenté. Ceux que cela pourrait intéresser trouveront ces renseignements dans l'histoire des rois d'Ecosse, dans la généalogie des rois d'Angleterre et, d'une façon plus résumée, dans le Dictionnaire historique de Moréri.

> Car l'on n'est plus aux temps où le ciel sur la terre
> Vivait et s'agitait en un peuple de dieux,
> Où Vénus Astarté, fille de l'onde amère
> Secouait, vierge encor, les larmes de sa mère
> Et fécondait le monde en tordant ses cheveux.

BRANCHE DE MARISY

La famille de Marisy est aussi ancienne en Champagne que la famille Godet, mais, alors que cette dernière se développait dans le Châlonnais, la famille de Marisy exerçait son influence dans la région de Troyes.

Un volume d'une centaine de pages a été consacré en 1876 à cette famille par M. Alphonse Roserot (1).

______

(1) *Les Marisy*, par A. Roserot, avocat (Troyes, 1876, impr. Dufour-Bouquot).

Nous n'en avons extrait, après vérification, que ce qui intéresse directement notre généalogie.

Le premier auteur connu dont les archives et les titres conservés nous témoignent l'existence est :

I. Thomas de Marisy, qui vivait sous le règne de Charles V-le-Sage et de son successeur. Il est qualifié par les tableaux généalogiques d'écuyer et seigneur de la Grand'Cour. Il épousa Héluyson de Pel, dont il eut :

II. Pierre de Marisy, demeurant à Brienne-le-Château, qui épousa Henriette de Guignonville, fille de Jean de Guignonville, écuyer, gruyer de Champagne et de Brie, et de Jeannette de Molins (1), sieur et dame de Charley (2), dont il eut :

III. Simon, dit Simonet de Marisy, écuyer, demeurant à Brienne en 1439 et à Troyes en 1447, où il fut confirmé dans sa noblesse par sentence du baillage de Troyes. Il épousa en premières noces Jehannette Poguin, dont il eut plusieurs enfants, en deuxièmes noces, en 1439, Marguerite la Héraulde, veuve de Sansonnet de Valentigny, et en troisièmes noces Catherine Le Folmarié.

De sa deuxième femme, *Marguerite la Héraulde*, il eut :

IV. Jean de Marisy, écuyer, seigneur de Juvansigny, Valentigny, Champigny-sur-Aube, Bécheveau, Racynes et autres lieux. Il fut maire de Troyes en 1471 et 1488. Il avait épousé Guillemette (3) Philippe, dame de Bligny, Meurville et Saint-Mesmin, fille de Jacques Philippe, seigneur de Landreville, et de Catherine de la Garmoise (4). (*Voir plus loin branche de la Gar-*

(1) Jeannette de Molins était fille de Guillaume de Molins et de Guillemette de Verdun.

(2) Charley, commune de Sainte-Maure-les-Troyes.

(3) Philippe : d'azur aux mâcles d'or.

(4) Fille de Pierre de la Garmoise et de Jehanne Jacques. Cabinet des Titres. D'Hozier.

moise). C'est en exécution des dernières volontés de Guillemette Philippe qu'une verrière, la représentant ainsi que son mari, fut placée dans la cathédrale de Troyes. Cette verrière, qui existe toujours, porte, en lettres gothiques, l'indication de son origine.

Jean de Marisy eut de nombreux enfants de ce mariage, parmi lesquels :

V. François de Marisy, écuyer, seigneur de Cervet (1), Bligny, Valentigny, Juvansigny, Meurville, la Vielzville, Bavon et Pousson. — Il fut maire de Troyes en 1498 et fut confirmé dans sa noblesse par sentence de l'élection de Troyes du 17 avril 1481. — Il obtint du roi Charles VII, par lettres datées de Moulins le 5 juillet 1497, l'autorisation de réédifier le pont-levis de son château-fort de Cervet, qui avait été ruiné par les guerres.

Il épousa en premières noces (1470) Ysabeau de Louvemont, morte en 1499, fille d'Etienne de Louvemont, seigneur de Cervet, Laines-Bourreuses et Briel, demeurant à Vendeuvre, et de Marguerite de Valentigny, dame du Mesnil, sa cousine-germaine d'un côté seulement. Il épousa en secondes noces Catherine Molé.

De son *premier* mariage avec Ysabeau de Louvemont, qui se rapporte à notre filiation, il eut plusieurs enfants, parmi lesquels :

VI. Claude de Marisy, écuyer, seigneur de Cervet, de Juvansigny, de Valentigny, de Bréviandes, des Hayes-à-la-Demoiselle, licencié ès lois, grènetier au grenier à sel de Troyes et maire de cette ville en 1522 et en 1528. C'est lui qui fit construire, en 1531, l'élégant hôtel qui porte son nom et que l'on admire toujours à Troyes, à l'angle de la rue des Quinze-Vingts et de la rue Charbonnet. Cette artistique demeure,

(1) Cervet, commune de Saint-Léger-les-Troyes.

(2) Louvemont : de sable aux trois tours d'argent 2 et 1 au chef d'argent à la tête de lion passant de gueules.

qui est une des curiosités de la ville, est ornée d'une tourelle sur laquelle sont sculptées les armoiries des Marisy, des Louvemont, des Philippe, des Valentigny et des Molé.

Il épousa en premières noces Jeanne le Boucherat, dont la famille a fourni un chancelier de France ; en secondes noces Marguerite Pétremol, et en troisièmes noces Michelle Molé, fille de Claude Molé, seigneur de Villy le Maréchal et de Barbe Hennequin (*Voir plus haut filiation Hennequin*).

Il eut de son premier mariage Jean de Marisy, de son troisième mariage avec Michelle Molé (*voir plus loin filiation Molé*) François de Marisy, qui épousa Ambroise Pithou, sœur des célèbres frères Pithou, et Ysabeau de Marisy, qui continue notre filiation :

VII. Isabeau de Marisy, qui épousa Antoine de Ménisson, seigneur de Saint-Pouanges (1). (*Voir plus haut filiation de Ménisson.*)

Les armoiries des Marisy sont : d'azur à six mâcles d'or posées 3, 2 et 1. Ces armes auraient une origine guerrière, si l'on s'en rapporte à l'explication suivante, que donne une pièce de vers figurant sur un tableau généalogique du xvie siècle, appartenant à M. Roserot, descendant également de cette famille :

Au temps que le bon Roy Philipes de Valois
Réduysit les flamentz dessoubs l'obéyssance
De leur comte Loys, allors prit sa naissance
Cest écusson d'azur et mâcles que tu vois.

Ce fust par un dueil d'un cavalier françois
Nommé Demarisy, qui soubs le Roy de France
Fust à lui accordé à cheval et la lance ;
Contre un des ennemis, gentilshomme de chois.

Ceslut de Marisy vaincquit, et pour mémoire,
La majesté du Roy, honorant sa victoire,
Permist lors qu'il changeast son escusson aux armes

(1) Cabinet des Titres. — Pièces originales. Généalogie de Marisy.

A ces six mâcles d'or, afin qu'il fut notoire,
Que par six coups de lance, il avait eu la gloire
De vaincre le flament en dueil par les armes.

BRANCHE MOLÉ

Le nom de Molé a été particulièrement illustré par le Chancelier Mathieu Molé (1584 à 1656), l'un des plus beaux caractères de magistrats et d'hommes d'Etat, dont s'honore la France et, plus récemment, au xix° siècle par le comte Molé, Ministre du roi Louis-Philippe.

Le plus ancien auteur connu auquel remonte notre généalogie est :

I. Guillaume Molé, bourgeois de Troyes, qui vivait sous le règne des rois Charles VII et Louis XI. Il épousa Jeanne Léguisé, sœur de Jean Léguisé, évêque de Troyes, fille de Huet Léguisé et de Guillemette de la Garmoise. (*Voir plus loin filiation Léguisé.*)

L'évêque Jean Léguisé est un de ceux qui déterminèrent les habitants de Troyes à ouvrir les portes de la ville à Charles VII et à Jeanne d'Arc en 1429, lorsqu'ils se rendirent à Reims pour le sacre. L'histoire rapporte que Guillaume Molé seconda activement son beau-frère en cette circonstance.

Guillaume Molé eut de son mariage avec Jeanne Léguisé :

II. Jean Molé, écuyer, seigneur de Villy-le-Maréchal, d'Assenay et de Saint-Rémy, qui épousa Jeanne de Mesgrigny, dame de Villy-le-Maréchal, fille de Jean de Mesgrigny, vicomte de Troyes, baron de Poussey, seigneur de Fontaines et autres lieux, et de Guillemette de Maillet. (*Voir plus loin filiation de Mesgrigny.*)

Jean Molé est le bisaïeul du chancelier de France Mathieu Molé, et notre ancêtre commun avec lui.

De son mariage avec Jeanne de Mesgrigny, Jean Molé eut trois fils et deux filles. Son fils AINÉ Claude, qui suit, continue notre filiation :

III. Claude Molé, écuyer, seigneur de Villy-le-Maréchal, épousa en 1480 Barbe Hennequin, fille de Jean Hennequin, seigneur d'Epagne, et de Catherine Léguisé.

Les armes de Claude Molé et celles de Barbe Hennequin se voient sur des clefs de voûte et sur des vitraux de l'église Saint-Pantaléon, à Troyes.

(*Voir plus loin filiations Hennequin et Léguisé*).

Il eut de ce mariage :

IV. Michelle Molé, qui épousa Claude de Marisy, seigneur de Cervet et autres lieux. (*Voir plus haut filiation de Marisy.*)

Les armoiries de la famille Molé sont de gueules à deux étoiles d'or en chef et un croissant d'argent en pointe. Elles figurent dans une verrière de la cathédrale de Troyes et dans d'autres églises de la région (1).

Le chancelier Mathieu Molé portait ces armoiries, écartelées de celles de la famille de Mesgrigny, comme étant de la branche cadette, *la branche aînée s'étant perpétuée seulement par les femmes, parmi lesquelles Michelle Molé, notre aïeule.*

En ce qui concerne la branche cadette, elle s'est éteinte dans la ligne masculine en la personne du comte Molé et est représentée aujourd'hui par le duc et les comtes de Noailles, ses petits-fils.

---

(1) Voir sur les Molé : *Histoire des Chanceliers et Gardes des Sceaux de France,* par DUCHESNE (1680) et Cabinet des Titres (verso Molé).

BRANCHE LÉGUISÉ

La famille Léguisé ou L'Eguisé était installée à Troyes dès le XIVe siècle.

D'après les documents conservés au Cabinet des Titres, Huet Léguisé, l'ancêtre le plus lointain auquel se rattache sans discontinuité notre ascendance (1390), était lui-même le petit-fils d'un autre Huet Léguisé et descendait de la famille de Dormans, ainsi qu'il est d'ailleurs reconnu par les Lettres de noblesse dont il sera question plus loin. (*Voir notice de Dormans.*)

Huet Léguisé eut de Guillemette de la Garmoise, fille de Pierre de la Garmoise et de Jehanne Jacques, qui figurent quatre fois comme ascendants dans notre généalogie (*voir plus loin filiation de la Garmoise*), quatre enfants, parmi lesquels :

1° Jean Léguisé, évêque de Troyes de 1426 à 1450, Ce fut, dit l'Histoire, grâce aux exhortations de ce prélat, en même temps qu'à l'activité de sa famille, que la ville de Troyes, alors en possession des Anglais, ouvrit ses portes à Charles VII et à Jeanne d'Arc, qui se rendaient à Reims pour le sacre.

2° Nicolas L'Eguisé, qui fut le père de Catherine Léguisé, épouse de Jean Hennequin, seigneur d'Epagne (*voir plus loin filiation Hennequin*).

3° Jeanne Léguisé, qui épousa Guillaume Molé (*voir plus haut filiation Molé*).

4° N. Léguisé, tige de la famille d'Aigremont, éteinte au XVIIe siècle.

C'est en reconnaissance des grands services rendus par l'évêque Léguisé et sa famille lors de la reddition de Troyes que le roi Charles VII, par Lettres datées de Poitiers (mars 1430), déclara annoblir Jean Léguisé, « en tant que besoin était ». Ces Lettres reconnaissent en effet que la famille Léguisé était déjà noble et des-

cendait « de l'illustre maison de Dormans, qui est
« ornée de toute antiquité et depuis si longtemps du
« titre de noblesse qu'il n'y a plus connaissance du
« contraire parmy les hommes ».

Ces Lettres de noblesse sont très curieuses et d'un
caractère presque unique. Il n'en fut établi de sem-
blables que pour la famille de Jeanne d'Arc : Elles
déclarent, en effet, conférer la noblesse, non seulement à l'évêque Léguisé, mais à ses père, mère,
frères, sœurs *et à toute leur postérité légitime de l'un
ou l'autre sexe*, « lesquels, — dit le texte, — nous
« annoblissons autant qu'il leur est besoin, par une
« faveur spéciale et puissance absolue du Roy, nonobs-
« tant toutes constitutions données ou à donner con-
« traires, ou nonobstant la coutume, l'observance
« générale ou locale quelconque. — Enjoignant par
« la teneur des présentes à nos amés et féaux les gens
« de la Chambre des Comptes, aux Trésoriers et à
« tous nos Conseillers establis sur le fait de nos
« finances et aussy à notre Bailly de Troyes et autres
« Justiciers ou officiers ou à leurs lieutenants tant
« présents que futurs, et à chacun d'iceux en tant que
« cela touche notre co-mentionné, ils lui permettent
« de se servir et le fasse jouir, ses frères, sœurs la pos-
« térité ou successeurs, de nos présentes lettres, grâces,
« annoblissement, privilèges et autres droits fran-
« chises et libertés susdits et n'y nouent, n'y fassent
« ou attentent rien au contraire, et ne souffrent qu'il
« soit rien fait, attenté ou noué par qui que ce soit,
« en aucune manière ; que les choses ci-devant dites
« demeurent fermes et stables. Et afin qu'on adjoutte
« une entière foy à ces présentes Lettres ou à leur
« copie faite sous notre petit sceau royal, nous avons
« jugé à propos d'y faire apposer notre cachet, sauf
« notre droit et celui des autres.

« Donné à Poitiers au mois de mars de Notre-Sei-
« gneur 1430 et de notre règne le neuvième.

« Ainsi signé par le roi devant... (noms illisibles).
« — Veue et expédiée en la Chambre des Comptes du
« Roy notre Sire le vingt-sixième jour du mois de

« juin 1431 et la même enregistrée au livre des
« Comptes de ce temps, feuillet 41 » (1).

Il y a lieu d'observer ici que notre famille descend,
à la fois, de Jeanne Léguisé, sœur de l'évêque (2),
mariée à Guillaume Molé, et de Nicolas Léguisé, son
frère, dont la fille Catherine Léguisé épousa Jean
Hennequin, seigneur d'Epagne. (*Voir filiations Molé
et Hennequin.*)

Les armoiries de la famille Léguisé sont une tête
de léopard lampassée de gueules sur fond d'azur
entouré d'une bordure d'argent. Deux sceaux de cire
de l'évêque Léguisé sont conservés dans les vitrines
des archives départementales de l'Aube.

BRANCHE DE DORMANS

Nous nous rattachons à cette branche par le fait
que les Lettres de Noblesse octroyées par Charles VII
aux Léguisé et à leurs descendants de tout sexe reconnaissent que lesdits Léguisé descendaient de la maison
de Dormans.

Le chef de cette famille est Jean de Dormans, procureur au Parlement de Paris, qui vivait encore en
1345. Il épousa Antoinette d'Escot, dont il eut de
nombreux enfants, parmi lesquels Jean de Dormans,
évêque et comte d'Angers et de Beauvais, puis chancelier de France, cardinal en 1368, légat du Pape Gré-
goire XI et mort en 1373 (3).

(1) Cabinet des Titres (Dossiers bleus).

(2) L'évêque Jean Léguisé mourut le 3 août 1450 et fut
inhumé dans la cathédrale de Troyes.

(3) Sa statue funéraire, en marbre et en pierre, se trouve
au Musée du Louvre et la reproduction de la statue au Musée
de sculpture comparée du Trocadéro.

Son frère Guillaume de Dormans, avocat général au Parlement de Paris, lui succéda en 1371 comme chancelier de France, à la suite de sa démission. Guillaume eut de nombreux enfants, parmi lesquels Miles de Dormans, évêque, comte de Beauvais et également chancelier de France. Un de ses neveux fut aussi évêque de Meaux, archevêque de Sens et cardinal.

Nous ne croyons pas utile de reproduire ici la longue généalogie des Dormans. Elle signale de nombreuses filles, petites-filles et arrière-petites-filles de Jean de Dormans, dont la postérité n'est pas indiquée et c'est vraisemblablement par l'une d'elles que les Léguisé descendaient de cette famille, qui s'est éteinte dans la ligne masculine vers l'an 1600 (1).

Armoiries : d'azur à trois têtes de léopard d'or lampassées de gueules.

BRANCHE DE MESGRIGNY

La famille de Mesgrigny, dont la souche remonte aux Croisades, est une de celles qui ont illustré la partie méridionale de la Champagne et les branches nombreuses qui en sont sorties, à travers six siècles d'existence bien reconnue, projettent encore de nombreux rameaux, bien que la descendance masculine de toutes ces lignées ne soit plus aujourd'hui représentée et soit à la veille de s'éteindre en la personne de Mlle de Mesgrigny, propriétaire au château de Briel (Aube).

Cette Maison jouissait d'une prépondérance avérée dès le règne de saint Louis, en la personne de Claude, chevalier banneret, sire de Mesgrigny, qui est l'an-

(1) Cabinet des Titres : d'Hozier et Manuscrits français. — *Dictionnaire de la Noblesse*, par DE COURCELLES. — *Histoire des Chanceliers et Gardes des Sceaux de France*, par DU CHESNE, etc.

cêtre le plus lointain auquel notre filiation se rattache dans cette ligne ; mais il est certain que la tige noble dont ce dernier était issu remonte à des passés plus éloignés encore (1).

Nous ne détaillerons pas, dans le cadre restreint de cette étude, les alliances illustres de la famille de Mesgrigny. Elle tire son nom du fief de Mesgrigny, aujourd'hui petite commune de l'arrondissement d'Arcis-su-Aube. La vicomté de Troyes est restée, en tout ou en partie, l'un de ses apanages pendant quatre cents ans. Ses membres ont occupé les plus hautes charges dans la magistrature, à la cour, dans l'épiscopat, dans l'armée et dans l'Ordre de Malte. Nous nous bornerons à signaler ici, comme pour les autres branches, les personnalités qui se rattachent comme ascendants à notre généalogie :

I. Claude, sire de Mesgrigny, chevalier banneret, né vers 1250, servit dans toutes les guerres qu'entreprirent les rois de France Philippe le Hardi, Philippe le Bel et Louis le Hutin. — Il rendit deux hommages en 1287 et 1316 et laissa de sa femme, qu'aucun historien ne nomme :

II. Pierre, sire de Mesgrigny, écuyer, qualifié noble du baillage de Troyes dans un compte des domaines de Champagne dressé en 1349. — Né vers 1280, il eut comme fils :

III. Jean, premier du nom, sire de Mesgrigny, écuyer, baron de Poussé, né vers 1310, marié à Denise de Marcheville vers 1338. Il vivait avec elle dans la prévôté de Vaucouleurs en 1367, ainsi que l'atteste un contrat du 11 septembre de ladite année, où ils figurent tous deux.

Ils eurent pour fils :

(1) Voir *Histoire Généalogique de la famille de Mesgrigny*, par Emile SOCARD, membre de la Société académique de l'Aube (Troyes, 1866).

IV. Guyot de Mesgrigny, écuyer, seigneur de Mesgrigny, baron de Poussé, seigneur de Grigny, Villy-le-Maréchal et Origny, né vers 1340 et mort avant le mois de mars 1395.

Guidon de la compagnie d'hommes d'armes du duc de Bourgogne, il servit les rois de France dans leurs guerres, avec armes et chevaux, parmi les autres nobles du baillage de Troyes. Il rendit aveu le 13 juin 1371 à l'évêque de Troyes pour une partie de la seigneurie de Poussé. On le voit encore, le 1er juin 1391, passer un accord avec le Chapitre de Saint-Etienne, de Troyes.

Il épousa Catherine de Foissy, dont il eut :

1° Jean de Mesgrigny, qui suit ;

2° Denisot de Mesgrigny, tige de la branche des marquis de la Villeneuve Mesgrigny et de Vendœuvre, qui fut lui-même l'aïeul de Jean V de Mesgrigny, qui épousa en 1536 Marie de Pleurre, descendante directe de l'empereur Charlemagne et de sainte Hildegarde, ainsi que de Charles le Chauve (1).

A signaler également parmi les descendants de Guyot de Mesgrigny, Eléonore de Mesgrigny, qui épousa au XVIIe siècle Jean Ferdinand, comte de Poitiers, descendant des ducs d'Aquitaine et des ducs de Valentinois.

V. Jean II de Mesgrigny, damoiseau, puis seigneur de Mesgrigny, de Fontaines-les-Bar-sur-Aube, de Fontaines-les-Saint-Georges, de Villy-le-Maréchal, des Mothes, etc., baron de Poussé, né vers 1375 et mort en 1467. Il guerroya au service des rois de France Charles VII et Louis XI. Il fut également vicomte de Troyes.

---

(1) *Généalogie de la famille de Pleurre*, par l'abbé MILLARD. — Cette famille s'est éteinte récemment en la personne du marquis de Pleurre dont les filles sont mariées au comte de Leuzbourg et au baron du Bourg. Elle s'était alliée autrefois aux Molé, aux Hennequin et aux Marisy.

De son premier mariage avec Pérette d'Aigny, il eut un fils, Jehannin, seigneur de Saint-Georges et d'Origny, receveur des Aydes à Beaune, où il mourut sans alliance en 1450. De son second mariage avec Guillemette de Maillet, il eut deux filles, parmi lesquelles :

VI. Jeanne de Mesgrigny, dame de Villy-le-Maréchal, d'Assenay et de Saint-Rémy, mariée avant 1487 à Jean Molé, écuyer.

C'est par cette alliance, dont sont issus les Molé de Champlâtreux et les Molé de Villy-le-Maréchal, que la seigneurie de Villy-le-Maréchal passa dans la famille Molé, la branche *aînée* de la maison de Mesgrigny, dont nous descendons, étant désormais éteinte dans la branche masculine. (*Voir filiation Molé.*)

Devenue veuve de Jean Molé le 12 octobre 1493, Jeanne de Mesgrigny obtint par Lettres patentes du roi Charles VIII la permission de faire réédifier les fourches patibulaires et le pont-levis du château de Villy-le-Maréchal.

Les armoiries de la famille de Mesgrigny sont : D'argent au lion de sable. — Supports : Deux griffons. Devise : *Deus fortitudo mea.*

BRANCHE DE LA GARMOISE

On trouve la trace de la famille de la Garmoise à Troyes, dans les documents de la première partie du XIVe siècle.

Le premier ascendant prouvé nous concernant est Pierre de la Garmoise, qui semble être le fils de Jean de la Garmoise, fermier de l'imposition des blés dans cette ville en 1374.

Pierre de la Garmoise, monnayeur-changeur à Troyes, seigneur de Saint-Mesmin, Savières et Blives, épousa Jehanne Jacques. Ils furent inhumés sous une grande tombe lamée de cuivre devant le maître autel de Saint-Jean, de Troyes.

Ils eurent plusieurs enfants, parmi lesquels :

1° Catherine de la Garmoise, qui épousa Jacques Philippe, dit Jacquinot Philippe, seigneur de Landreville, dont elle eut Guillemette Philippe, épouse de Jean de Marisy, dont nous descendons.

2° Gilette de la Garmoise, qui épousa Simon Hennequin, dont elle eut Jean Hennequin, dont nous descendons également:

3° Guillemette de la Garmoise, qui épousa Huet Léguisé, dont elle eut Jeanne Léguisé, épouse de Guillaume Molé, dont nous descendons, et Nicolas Léguisé, père de Catherine Léguisé, mariée à Jean Hennequin, son cousin germain, dont nous descendons encore (1).

Il est intéressant d'observer que, par suite d'alliances entre parents, Pierre de la Garmoise et Jehanne Jacques figurent quatre fois dans notre tableau généalogique. (*Voir d'autre part les filiations Marisy, Molé, Léguisé et Hennequin.*)

Les armoiries de la famille de la Garmoise sont de gueules à une croix d'or chargée de neuf losanges d'azur, avec un lion de même au premier quartier.

BRANCHE HENNEQUIN

La Maison des Hennequin est originaire des Flandres. Les plus anciennes généalogies la font sortir de Oudinot Hennequin, qui suit et qui était le fils de :

(1) Cabinet des Titres, Cabinet d'Hozier. — Archives départementales de l'Aube. — COURTALON, *Topographie historique*, I, page 385.

I. Nicolas Hennequin, Flamand de nation, lieutenant de Jacques Arteweld, chef dans l'armée que les Flamands révoltés levèrent contre le roi Philippe de Valois. — Nicolas Hennequin, qui vivait dès la fin du xiiiᵉ siècle, fut tué à la bataille du Mont Cassel, au mois d'août 1328. Il eut pour fils :

II. Oudinot Hennequin, premier ancêtre de la tige champenoise, qualifié seigneur de Mâchy-les-Saint-Phal, de Lantages et de Mathaux, fut annobli par Charles, duc de Normandie et dauphin du Viennois, régent de France pendant la captivité du roi Jean, son père, par Lettres du 27 juillet 1359 pour services rendus au roi et audit régent, en leurs guerres, notamment à l'ost de Breteuil (1).

Il mourut en 1368 et fut inhumé en l'église Saint-Bernard de Troyes. Il eut plusieurs enfants, parmi lesquels :

III. Oudinot Hennequin, deuxième du nom, seigneur de Mâchy, Lantages et Mathaux, avocat du roi à Troyes, qui fut le père de :

IV. Jean Hennequin, seigneur de Lantages et Mâchy, avocat du roi à Troyes en 1380 et 1385. Il épousa Marie de Castellux, dont il eut :

V. Oudard Hennequin, conseiller et avocat du roi à Troyes, seigneur de Mâchy et Lantages, conseiller de ville à Troyes en 1429, marié à Guillemette de Mergey, dont il eut, entre autres enfants :

VI. Simon Hennequin, seigneur de Mâchy et de Brevonnelles et plus tard par sa femme de Savières et Blines, conseiller de ville à Troyes en 1458. Il fut confirmé dans sa noblesse par arrêt de la Cour des Aydes du 17 janvier 1484. Il épousa Gilette de la Garmoise, fille de Pierre de la Garmoise, seigneur de Saint-Mes-

(1) Cabinet des Titres, Dossiers Hennequin. — *Généalogie des Hennequin*, par le Comte DE MAUROY (1898).

min et autres lieux, et de Jehanne Jacques. (*Voir plus haut filiation de la Garmoise.*)

Cinq enfants naquirent de ce mariage, parmi lesquels :

VII. Jean Hennequin, seigneur d'Epagne, Saint-Liénard et des Granges. Elu à Troyes en 1480, il épousa sa cousine Catherine Léguisé (*voir plus haut filiation Léguisé*) dont il eut sept enfants, parmi lesquels :

VIII. Barbe Hennequin, mariée à Claude Molé, seigneur de Villy-le-Maréchal. (*Voir plus haut filiation Molé.*)

La famille des Hennequin a donné naissance à une très nombreuse postérité, dont certains membres ont plus ou moins abandonné le nom patronymique pour les titres de marquis d'Ecquevilly, marquis de Villermont, marquis de Charmont, marquis de Chémery, comtes de Grandpré, comtes de Curel, barons de Chassenay, etc...

Au xvi⁰ siècle, la plupart des membres de cette famille prirent le parti de la *Ligue* avec une telle ardeur qu'Henri III les avait appelés *la race ingrate.* A Paris, en raison du développement de ses branches, on appelait cette famille *la grande mesgnée* et l'on disait communément : *Hennequins, plus fols que coquins.* L'ouvrage consacré par le comte Albert de Mauroy aux Hennequin et qui concerne plus de cinq cents descendants, contient d'intéressants détails. Nous n'y avons relevé que ce qui concerne directement notre ascendance.

Les armoiries des Hennequin sont : Vairé d'or et d'azur au chef de gueules chargé d'un lion passant d'argent.

DESCENDANTS ACTUELS

Pour compléter cette généalogie, dont il n'existait qu'un seul exemplaire manuscrit établi il y a quarante ans et dont nous avons cru devoir faire ce tirage restreint, réservé aux membres de la famille, il convient d'ajouter les représentants actuels de ces diverses lignées, avec leurs alliances et leur descendance. (*Voir plus haut, page 10.*)

a) André-Emile Régnier, né à Paris le 20 mai 1866, avoué près le Tribunal de la Seine le 7 février 1896, syndic de la Chambre (nov. 1921), président de la Chambre des avoués (nov. 1924). Au cours de la guerre, lieutenant d'artillerie détaché à l'Etat-Major de l'armée (2 août 1914), promu capitaine au même titre (janvier 1916), chevalier de la Légion d'honneur (1er octobre 1917), décoré de la Croix militaire anglaise, Military Croce (1918) médaille de guerre avec agrafe, *engagé volontaire.*

Marié le 28 juin 1897 à Louise-Marie-Amélie Duriez, il eut de ce mariage :

VII. 1° Jacques-Louis-Emile Régnier, né à Paris le 16 avril 1898, licencié en droit, engagé volontaire au 22e d'artillerie en 1916, aspirant au 226e d'artillerie en 1918. Croix de guerre (1917). Marié le 4 mai 1925 à Hélène Brécheux, fille de M. Jules Brécheux, notaire à Paris et de Madame, née Colleau.

VII. 2° Robert-Joseph-Marcel-Emmanuel Régnier, né le 2 mars 1901 à Paris. Marié le 12 janvier 1925 à Geneviève Porte, fille de Jacques Porte et de Madame née Charpentier.

b) Marcel-Alphonse Régnier, né à Paris le 22 mai 1867, avoué à Amiens et avocat à la Cour d'appel de Paris. Décédé à Paris le 25 décembre 1912. Marié le 29 juin 1898 à Jeanne-Hélène-Marie-Rosie Van der Elst, dont il eut :

VII. 1° Jean-Emmanuel-Robert-Marie-Marcel Régnier, né à Amiens le 10 mars 1902, tué accidentellement le 3 avril 1921, à Boulogne (Seine).

2° Suzanne-Andrée-Marie-Marcel Régnier, née à Mers (Somme), le 29 août 1903.

3° Geneviève-Marguerite-Marie-Marcel Régnier, née à Paris le 3 avril 1906, décédée à Boulogne le 24 juillet 1917.

c) Emmanuel-Alexandre Régnier, né à Paris le 8 mars 1870. Elève à l'Ecole de Saint-Cyr le 26 octobre 1889. Capitaine au 67e régiment d'infanterie au début de la guerre, blessé à Cormicy (bataille de la Marne) le 29 septembre 1914, chef de bataillon et chevalier de la Légion d'honneur à la bataille de Champagne (septembre 1915). Croix de guerre avec citations à l'ordre du régiment et de l'armée. Officier de la Légion d'honneur (1922). Marié le 9 mars 1909 à Caroline-Antoinette Gillin, il eut de ce mariage :

VII. Emmanuel-Jacques Régnier, quatrième du nom, né à Soissons le 3 décembre 1910 et Denyse-Marguerite Régnier, née à Soissons le 28 août 1912.

d) Jacques-Léon Régnier, né à Paris le 9 mai 1871. Successivement attaché au Ministère de l'Intérieur, secrétaire particulier de Paul Deschanel, sous-préfet d'Ancenis, de Nogent-le-Rotrou, de Beaune et de Reims, secrétaire général des départements de la Gironde, des Bouches-du-Rhône et du Nord. Cité à l'ordre de la Nation (sept. 1916) comme sous-préfet de Reims. Chevalier de la Légion d'honneur (juil. 1917). Croix de guerre (1918). Officier de l'Instruction publique et du Mérite agricole, médaillé de la Reconnaissance Française, médaillé de sauvetage et de la Mutualité, officier de la Couronne d'Italie et de l'Ordre de Léopold de Belgique, chevalier de l'Ordre de Charles III d'Espagne, commandeur, officier et chevalier de plusieurs autres ordres coloniaux ou étrangers.

Préfet honoraire, auteur de diverses publications littéraires et historiques.

e) Emile-Adolphe Régnier, né à Paris le 25 août 1873. Successivement avocat à la Cour d'appel de Paris, attaché au cabinet du Ministre des Travaux publics, secrétaire particulier du ministre de la Guerre, sous-préfet de Murat en 1901, conseiller de Préfecture de la Loire, vice-président du Conseil de Préfecture du Nord. Resté par ordre à Lille lors de l'occupation allemande, fut préfet du Nord au mois de janvier 1918 jusqu'à la libération du territoire.

Chevalier de la Légion d'honneur, et décoré de divers autres ordres. Marié en décembre 1920 à Anne André.

f) Edmond-Maurice Régnier, né à Paris le 11 janvier 1877, Inspecteur des Finances, ancien chef de la Direction de la comptabilité au Ministère des affaires étrangères, chevalier de la Légion d'honneur, grand Officier de la Couronne d'Italie ; marié le 4 avril 1908 à Antoinette-Madeleine Le Senne, fille de M. Eugène Le Senne, chevalier de la Légion d'honneur et de Madame née Dubarle, nièce de M. Charles Le Senne, député de la Seine, décoré de la médaille militaire et de M. Camille Le Senne, critique littéraire, officier de la Légion d'honneur.

De ce mariage sont nés :

VII. 1° Marguerite-Marie-Germaine Régnier, née à Paris le 17 février 1909.

2° François-André-Edmond Régnier, né à Paris le 15 décembre 1912.

3° Claude-Marcel-Edmond Régnier, né à Paris le 27 février 1914.

4° Philippe-Emmanuel-Emile-Jean-Edmond Régnier, né à Paris le 25 juin 1919.

g) Germaine-Adèle-Andrée Régnier, née à Paris le 26 juillet 1880 ; mariée le 22 avril 1903 à Camille-Joseph-Eugène Schvartz, licencié ès-lettres, avocat à la Cour d'appel de Paris, ancien secrétaire de la Conférence des avocats, décédé à Andrésy (S.-et-O.) le 24 juin 1919.

De ce mariage est née Anne-Marie-Louise-Amélie-Camille Schvartz, née à Paris le 23 avril 1904.

SUITE DU LIVRE DE FAMILLE

DATES	NAISSANCES, MARIAGES, DÉCÈS, ETC.

Dates	Naissances, Mariages, Décès, etc.

DATES	NAISSANCES, MARIAGES, DÉCÈS, ETC.

Dates	Naissances, Mariages, Décès, etc.